OMUP ブックレット　No.70

保育士の早期離職を防止する園内体制の検討

―すべての保育士が生き生きと働き続けられる園を目指して―

木曽　陽子

JN110768

はじめに

　近年、日本においては、保育所における待機児童の問題が深刻化し、待機児童解消のために保育施設の増設等が行われてきた。それに合わせて保育士の求人数が増え続け、2020年には有効求人倍率が2.99と最も高くなり、その後2022年でも2.50と、全職種平均に比べて高い水準が続いている（厚生労働省2022）。この有効求人倍率は都道府県によって異なるが、全国的にみると保育士不足が課題となっている。

　保育士不足は、保育士資格取得者が少ないことによるものではなく、資格を有していても保育現場で働いていない「潜在保育士」の多さによるものと考えられる。潜在保育士が多い理由の1つに、保育士資格取得者が処遇や労働時間等の労働環境の問題から、保育現場で働こうと思いにくい現状がある。これに対して、国は保育士の処遇改善に取り組み、特に民間の保育士等については、2013年度から2021年度までの9年間で合計約14％（月額約4万4千円）の改善を実現したと報告している（厚生労働省2022）。

　潜在保育士が多い理由の2つ目に、保育士の早期離職の問題がある。本書ではこれを主題として取り上げている。なぜなら、たとえ保育士資格取得者が保育現場に就職しても、その後早期に離職してしまう状況であれば、保育士不足は一向に解決しないからである。大嶽（2017）は、これを穴の開いた浴槽にたとえ、いくらお湯を注ぎこんでも穴をふさがなければ状況が改善しないと指摘している。そのため、保育士の早期離職の問題を解決することは保育士不足解消の鍵になると考える。

　また、2022年には、園児に虐待を行っていたとして保育士が逮捕されるなどの事件が報道され、保育現場の抱える課題が深刻であることが浮き彫りになった。事件の背景には保育士の配置基準や労働環境の問題からくる保育士のゆとりのなさもあると考えられる。2019年10月から幼児教育・保育の無償化がスタートし、2023年にはこども家庭庁が発足し、こども基本法も施行された。「こどもまんなか」を掲げる国として、保育現場の抱える深刻な課題を解決し、すべての子どもに質の高い保育を提供することがより一層求められている。

　保育士の早期離職の問題は、この「質の高い保育」ともかかわる。なぜなら離職によって保育士が次々と入れ替わる状況では、保育所等組織としての実践経験や専門性の蓄積が行いにくく、保育の質の低下にもつながりかねないから

である。すべての子どもの最善の利益のためにも、保育士の早期離職を防ぎ、各保育施設において保育士の力を高め、質向上を図ることが求められる。

　本書では、上記の背景から保育士の早期離職問題の解決の一助となることを願い、これまで筆者が行ってきた研究の成果をまとめて提示する。特に保育士の離職理由の第1位として共通して挙げられるのが「職場の人間関係」であることから、各保育施設で実施できる園内体制の整備を中心に検討する。

　本書の構成は以下の通りである。第1章では、保育士の早期離職に関連する先行研究の内容を整理し、本テーマに関する研究を概観する。第2章では、大阪府の私立保育施設を対象に行った質問紙調査から、保育士の早期離職の実態や、それに対する各施設の取り組み状況、また早期離職率等と取り組み状況との関連を探る。第3章では、早期離職率等が低い保育施設を対象に行ったインタビュー調査とヒアリング調査の結果を整理し、保育施設における早期離職防止体制のモデルを提示する。第4章では、ここまでの結果をふまえ、すべての保育士が働き続けられる園内体制構築に向けた提言を行う。

　すべての子どもたちの最善の利益のためにも、国や各自治体等が保育士の処遇や配置基準の改善に早急に取り組むべきではあるが、それらの取り組みを待っているだけでは、目の前の子どもたちへのより良い保育は実現しない。本書が、各保育施設の中で早期離職の問題に取り組んでいくための一助となり、それが各施設における質の高い保育と安定した運営につながることを願う。

　なお、本書では主に「保育士」を使用し、これを「保育士資格を有する者」という意味で用いる。ただし、文献等を引用・参照する場合には、引用・参照元の表記を採用し「保育者」と記す場合もある。また、「保育所」や「保育園」ではなく、「保育施設」と表記するのは認定こども園等も含むからである。なお、保育施設を「園」と表記する場合もあるが、いずれにしても本書では「保育所」「保育園」「認定こども園」等の保育士が働く職場を指している。

　「早期離職」は、本書では在職3年以内の退職者と定義し、基本的には新卒者のみではなく転職や再就職等によってその施設に新たに就職した者も含むものとする。新卒者のみに限定しないのは、国や各自治体等が潜在保育士の就職支援等を行っており、保育士養成校卒業後の就職者のみならず、卒後年数を経てからの入職も増加しているからである。新卒であるかいなかにかかわらず、採用する施設側からすると在職期間が短い保育士が早期に離職することは職員の育成や安定した運営という観点からも課題になると考え、「卒後年数」ではなく「在職期間」を区切りとした。ただし、文献等の引用・参照の場合には、

引用・参照元の定義に沿って使用するため、「早期離職」という用語を使用していても、対象が異なる場合がある。

第1章
保育士の早期離職に関する
先行研究からみる現状と課題

Ⅰ　文献レビューの概要

1．目的

　保育所で勤務する常勤の保育士の2020年の離職率は8.4％であり、勤務者が40万人を超える中では必ずしも高くないと報告されている（厚生労働省2022）。2020年10月1日～2021年9月30日の社会福祉施設等調査（厚生労働省2021）のデータをもとに勤続半年未満で離職した保育士の割合（2021年3月に卒業して採用された者のうち9月末までの退職者の割合）を算出すると、6.8％（民営のみでは8.1％、以下同）であった。同様に算出すると、2020年は6.5％（7.2％）、2019年は8.7％（10.0％）、2018年は7.1％（8.1％）、2017年は8.6％（8.8％）と、過去5年でみると6～8％（民営のみでは7～10％）の間を推移している。ただ、これらは新卒者のみを対象としており、かつ在職期間が半年以内での離職であるため、本書でいう「早期離職」の実態を十分に捉えたものとはいいがたい。

　そこで、本章では保育者の早期離職に関する先行研究の動向を整理し、その内容を分析することを通して、早期離職の現状把握の状況と、早期離職防止に向けた方向性を探ることとする。なお、本章では保育士資格取得者のみに限定せずに、保育・幼児教育現場で勤務する者の実態を把握するため、幼稚園教諭を含めた「保育者」について検討を行う。

2．文献レビューの方法

　EBSCOのディスカバリーサービスとCiNiiの2種類の文献検索サービスを用いて、先行研究の検索を行った。その際のキーワードは「早期離職and保育」「早期離職and幼稚園」の2つとした。それぞれの検索結果で重複していた論文は1つとし、学術論文に該当しない雑誌記事や学会発表の抄録、保育に関連しない内容のものは除いた。最終検索年月日は、2017年7月25日である。

　これらの論文を年代順に整理し、①早期離職数や早期離職率等の早期離職の実態、②早期離職の要因、③早期離職を防止するための対策の3点について明らかにされているかどうかを確認した。また、それぞれの論文の目的、調査方

法、結果を整理した。

Ⅱ　早期離職に関する先行研究の整理

1．全体の動向

　上記の方法で論文検索を行った結果、表1-1に示す26本が抽出された。

　今回の検索結果で、最も古い論文は川俣（2007）であった。その後2012年までは年に1、2本と少数であったが、2013年から3本と微増し、2015年は5本、2016年には6本と早期離職に関する研究が増加している。2017年の論文も2017年7月時点で2本あり、保育者の早期離職問題への関心が高まってきたといえる。

表1-1　保育者の早期離職に関する先行研究の概要

	著者名	年	数	目　的	調査方法	実態	要因	防止策
1	川俣	2007	1	幼稚園教諭の意識・実態の全体像の把握	幼稚園教諭への質問紙		△	
2	川俣	2008	1	性別役割意識の全体像の把握と比較	幼稚園教諭と保育者養成校学生への質問紙		△	
3	岡本ら	2010	2	離職率の把握、離職理由とその背景の解明	養成校卒業後1、2年目の保育者への質問紙と聴き取り	○	○	
4	正司	2010		教育実習中の評価と幼稚園教諭としての将来性の連動	幼稚園の管理職へのインタビュー	○		
5	加藤鈴木	2011	2	「現場」が捉えている新卒者の実態や評価、課題を把握	幼保および児童福祉施設への質問紙	○	○	
6	岡本ら	2011		早期離職の現状から学生指導と卒業生支援を検討	幼稚園・保育所の管理職への聴き取り	○	○	△
7	遠藤ら	2012	1	卒業生の退職や職場変更の動向、職業や職場環境等に対する考え方の特徴を示す	養成校卒業生への質問紙	○	○	
8	竹石	2013		離職する当事者と現場サイドの認識の差を検討	加藤・鈴木（2011）データの再分析	○		△
9	森本ら	2013	3	早期離職者の離職に至るプロセスを分析し、今後の保育者養成のあり方を検討	幼保の管理者または新人教育担当者への質問紙と、離職者へのインタビュー	○	○	△
10	小川	2013		早期離職を防止するために養成校として必要な支援を検討	先行研究等の整理、卒業生への聴き取り	○		△
11	宮崎	2014		新人保育士が保護者対応における困難に対処していく過程において、新人保育士が受けたと考える職場サポートの状況の解明	新人保育士育成に力をそそぐA保育園の新人保育士5名へのインタビュー			○
12	伊藤	2014	3	新任保育者の早期離職の要因の解明	早期離職者へのインタビュー調査		○	
13	傳馬中西	2014		新卒保育者が就職してから離職に至るまでのプロセスを具体的に描きだす	職場への離職を告げている現職保育者へのインタビューをTEMで分析	○		

No.	著者	年		目的	方法			
14	上田 松本	2015		①卒業生の離職率と離職の原因、②就職園が養成校に求める就職支援活動 →養成校における就職支援活動の方針を検討	①卒業生への質問紙 ②卒業生の就職園への質問紙	○	○	△
15	濱名	2015	5	早期離職の問題を概観し、養成教育との接続の点でどこに問題があるのか、どこに注力していく必要があるのか検討	先行研究の整理		△	△
16	佐伯	2015		保育・教育者養成校における長期的インターンシップ実習の事例から、学生の実習内容と成果の様相を捉える	長期的インターンシップ実習に関連する学生へのアンケート調査			△
17	小川	2015		離職へとつながる要因の解明	来学した卒業生への質問紙調査	○		
18	松浦ら	2015		潜在保育士問題の解消の方策について、研究動向を考察	先行研究レビュー（リアリティショック）		△	△
19	内田 松崎	2016		離職の原因とその前後における離職者の葛藤を浮き彫りにする	離職した卒業生へのインタビュー（職場での参与観察等も参考）	○		
20	永渕	2016		人間関係力を向上させるためのオペレッタ制作活動の有効性と改善点の解明	オペレッタ制作活動に参加した学生への事前事後のインタビューと卒業後の追跡インタビュー			○
21	横山ら	2016		以下の3つの研究、①早期離職の理由と課題、②早期離職の現状と課題、③早期離職の傾向とその予防	①先行研究レビュー、②離職者へのインタビュー、③卒業生の離職率調査	○	○	△
22	松田ら	2016	6	①保育系実習における予期せぬ現実尺度の作成と妥当性の検証、②初期2回の実習経験を通じた予期せぬ現実の変化と予期せぬ現実が保育者効力感にもたらす影響の解明	①複数の養成校学生への質問紙調査 ②養成校1年生への3回の質問紙調査			△
23	市原	2016		保育職志望の若者たちの「学校から仕事へ」の移行過程をたどり、その進路意識や将来展望の形成や変容の様子の解明	若者移行過程研究の分野で実施されたインタビュー調査の研究成果の再分析		△	△
24	原口	2016		保育・業務における保育者の主観的な体験モデルの仮説生成	経験年数の少ない幼稚園教諭を対象にインタビュー、M-GTAで分析		△	△
25	松尾	2017	2	早期離職を防ぐためのキャリア教育には何が必要か考察	先行研究の整理		△	△
26	千葉	2017		保育者の早期離職を抑制する要因を解明	ベテラン保育者へのインタビュー	○	△	

　研究の内容としては、早期離職数や離職率等の実態を明らかにしているものが6本、早期離職の要因について触れているものが最も多く22本、早期離職を防止するための対策に触れているものは16本であった。しかし、早期離職の要因を質問紙調査やインタビュー等で実証的に明らかにしようとしたものは15本であり、早期離職防止策についても具体的な防止策を実証的に検討しているものは2本だけであった。そのほかの論文は、先行研究の整理を行ったり、早期離職の要因に関する結果から防止策を提言したりすることにとどまっていた。

　また、近年では早期離職問題を背景に置きながら、様々な観点での研究がなされている。たとえば、保育者養成校における実習の影響を学生の保育者効力感などとの関連から捉えようとするもの（佐伯2015、松田ら2016）や、保育者のメンタルヘルスの改善に寄与するために日々の保育・業務における保育者の主観的な体験を明らかにしようとするもの（原口2016）がある。これらの研究は、早期離職の要因や防止策について直接的には明らかにしていないが、保育者の早期離職を考える際の観点として重要と考える。

2．早期離職の実態
　早期離職の実態に関する研究としては、保育者養成校（以下、養成校）の卒業生を対象に調査を行ったものと、保育所・幼稚園等の保育現場を対象に調査を行ったものの2種類がみられた。

1）養成校の卒業生を対象とした研究
　養成校の卒業生を対象に調査した研究は、表1-2の通りである。

表1-2　保育者養成校の卒業生を対象にした調査による離職率

	調査対象	離職率
岡本ら（2010）	卒後2年目の2007年度卒業生と卒後1年目の2008度卒業生への質問紙調査 回収率40.9%（242名/592名）	全体：15.7%（38名/242名） 幼稚園：20.5%（18名/88名） 保育所・園13.0%（20名/154名）
遠藤ら（2012）	2007年3月-2011年3月までの5年間の卒業生への質問紙調査 回収率19.3%（181名/938名）	離職経験者：30.9% （56名/181名）
上田・松本（2015）	卒後2年目と4年目の卒業生への質問紙調査 回収率20.9%（36名/172名）	卒後2年目：27.3% 卒後4年目：63.6%
横山ら（2016）	2005年度卒業生から2014年度卒業生について、様々な方法で情報収集し集計	1年目：15.4%、2年目：11.1% 3年目：9.2%、4年目：8.3% （2005年〜2014年卒業生の平均）

　遠藤ら（2012）と上田・松本（2015）の離職率が高いのは、卒後5年目や4年目の卒業生まで対象としているからであり、卒後の年数が長くなるほど最初の就職先を退職する者が増加することは当然と考える。卒後2年目の卒業生までの離職率でみると、15.7％（岡本ら2010）、27.3％（上田・松本2015）、26.5％（横山ら2016）と、どの調査も20％前後である。全国保育士養成協議会（2009）の大規模調査では、保育士養成校を卒業して保育職に就職した者のうち4分の1が2年足らずで一度退職を経験していることが示されており、卒後2年の間に退職する者は20％前後というのが共通した実態といえる。

　横山ら（2016）は、累積の離職率ではなく卒後何年目で退職したかも含めてデータ収集を行っている。それによると、卒後1年目の離職率は15.4％であり、他の年度よりも高くなっている（2年目11.1％、3年目9.2％、4年目8.3％）。このことから、横山ら（2016）は、卒後1年目の離職が全体に占める割合としては大きいと指摘している。

2）保育現場を対象とした研究

　保育現場を対象に調査した研究は、加藤・鈴木（2011）と森本ら（2013）である（表1-3）。

　在職期間3年未満の退職者がいた園は、回答があった園のうち37.1％（加藤・鈴木2011）、43.1％（森本ら2013）であり、保育者の早期離職は保育現場の4割程度で起こっているといえる。さらに、加藤・鈴木（2011）は、退職者がいた園のうち「在職期間3年未満の退職者」がいた園は、幼稚園では63％、保育所では81％であり、幼稚園・保育所では退職者の多くが3年未満の早期離職であったことを報告している。

表1-3　保育現場を対象にした調査による早期離職の実態

調査対象		在職3年未満の退職者の実態			
		合計	1年未満	1-2年未満	2-3年未満
加藤・鈴木（2011）	静岡県内の私立幼稚園、私立保育所、私立乳児院、児童養護施設、知的障害児施設、知的障害児通園施設への質問紙調査 回収：132園（回収率32.3％）	37.1％ 95名	18.1％ 31名	17.4％ 27名	21.2％ 37名
森本ら（2013）	近畿一円の幼稚園・保育所（園）の管理者または新人教育担当者への質問紙調査 回収：146園（回収率32.4％）	43.1％ 165名	21.9％ 46名	39.7％ 119名	

　また、在職1年未満での離職者がいた園が18.1％、1－2年未満が17.4％、2－3年未満が21.2％（加藤・鈴木2011）、同じく在職1年未満での離職者がいた園が21.9％、1－3年未満が39.7％（森本ら2013）であった。先述の横山ら（2016）による卒業生の離職率調査の結果とは異なり、在職1年未満での離職者がいた園が多いということはなかったが、1年未満での退職も20％程度の園で起こっていた。

3．早期離職にかかわる要因

　早期離職にかかわる要因に関する研究は、当事者である早期離職者や新卒保育者などを対象とした研究と、保育現場の園長などを対象とした研究があった。

1）離職当事者を対象とした研究

　早期離職の当事者である新卒保育者等を対象として早期離職の要因を明らかにした研究は表1－4の通りである。これらの研究の中で共通して挙げられている要因があった。

表1－4　保育者を対象とした調査による早期離職の要因

調査対象と方法	人間関係	心身の不調	方針の不一致	仕事量の多さ	労働条件	やりがい	実践力のなさ	自信がない	その他
岡本ら（2010）　養成校卒業後1、2年目の保育者への質問紙と聴き取り	1	1	1	1	1		1		1
遠藤ら（2012）　養成校卒業生への質問紙	1	1	1	1	1			1	1
森本ら（2013）　離職者へのインタビュー	1	1							
小川（2013）　卒業生への聴き取り	1	1				1			
伊藤（2014）　早期離職者へのインタビュー		1		1	1	1			4
上田・松本（2015）卒業生への質問紙		1	1						
小川（2015）　来学した卒業生への質問紙	1※							1※	
内田・松崎（2016）離職した卒業生へのインタビュー	1	1	1	1	1	1			
横山ら（2016）　離職者へのインタビュー、卒業生の離職率調査	2	1	1	1		1			
合計	8	8	5	5	4	3	2	2	7

※辞めたいと思った理由としての選択

　最も多くの研究で共通していた要因は、「人間関係」である。質問紙調査によって離職理由を複数回答させるような調査では、多くの回答者が共通して挙げている理由が「人間関係」であった（岡本ら2010；遠藤ら2012；横山ら2016）。また、上田・松本（2015）は、離職の原因として卒後2年目と卒後4年目で共通して高い割合を示したのは「職場の人間関係」であったことを示している。これらの結果から、多くの離職者にとって共通した離職要因は「職場の人間関係」であるといえる。

　また、「心身の不調」も共通して挙げられることが多かった（遠藤ら2012；小川2013；伊藤2014）。岡本ら（2010）は「心身の不調」は、人間関係の悪化や教育方針の不一致、仕事量の多さなどに起因していると考察している。つまり、「人間関係」と「心身の不調」の2つの要因は別々に存在するというよりも、たとえば「人間関係」をストレッサーとして、ストレスからくる「体調不良」が引き起こされている（森本ら2013）というように、様々な要因による結果としての「心身の不調」であることが指摘されている。また、上田・松本（2015）は、卒後2年目に高い割合を示した項目の1つに「心身の不調」があるが、卒後4年目ではあまり高い割合でないことを明らかにしている。この結果から、「心身の不調」に陥る状況にある保育者は、より早い段階で離職している可能性がある。

　次に共通して挙げられた要因は、「園の方針との不一致」「仕事量の多さ」であった。遠藤ら（2012）は、退職に際して影響を受けたこととして最も上位に挙げられたのが「職場の方針に疑問を感じたため」（73.6％）であったとしている。先に挙げた上田・松本（2015）の研究でも、卒後2年目と卒後4年目に共通した離職原因として「残業の多さ」、卒後2年目に「園の方針への疑問」があるとしている。内田・松崎（2016）は、離職を経験した短大卒業生を対象にインタビュー調査を行い、自らの教育観と経営理念との葛藤や、保育に関して無知な経営者や園長が運営する園における不当な評価や園の方針への疑問、仕事量の多さが早期離職の原因となっているケースがあったことを報告している。

　上記の「仕事量の多さ」に関連して、「労働条件（休暇が少ない）」も挙げられる。たとえば、遠藤ら（2012）の調査では、退職に影響を受けた原因として「休暇が少なかったため」が60.4％、「残業が多かったため」が54.7％となっている。

　こうした労働条件の問題が、「やりがいを感じられない」ことにもつながる。

横山ら（2016）は、離職経験者へのヒアリングから、保育施設が大規模化し、クラスの人数が増加することによって保育する大人側も子どもへの丁寧なかかわりが困難になり、保育にやりがいを感じられなくなり、心身の健康状態にまで影響を及ぼしていたことを報告している。また、伊藤（2014）は、早期離職者へのインタビュー調査から、仕事にやりがいを感じられなくなることや仕事の責任が重すぎることが辞めたい気持ちを引き起こすと述べている。

　一方、岡本ら（2010）は、早期離職者と継続勤務者の両方に聴き取り調査を行い、離職者本人が人間関係の悪化と思い込んでいることが、実は本人の保育実践力の未熟さに起因している可能性があると指摘している。同じように「知識・技術不足」（小川2013）、「自信がない」（遠藤ら2012）といった離職者自身の保育力のなさやそこから派生する自信のなさを早期離職の要因として挙げている研究もある。

　そのほか、職場の体制として、新任保育者を育成する雰囲気や術が職場にないことや十分な研修が行われていないこと（伊藤2014）、職務を継続できる雰囲気ではないこと（上田・松本2015）が早期離職につながるという指摘もある。

　ここまでみてきたように、早期に離職した当事者がその要因と捉えているものとして、まず「人間関係」が挙げられる。これに対して、傳馬・中西（2014）は単に「人間関係」という理由だけでは捉えきれない複雑な状況があることを指摘している。傳馬・中西（2014）は、離職意思を伝えた短大卒業生へのインタビューをTEM（複線径路・等至性モデル）によって分析し、「辞めたい」思いを思い留めようとしたり、ケアしようとする姿勢がある副園長の存在によって、短期的には離職を思い留めていたが、その存在が結果的に離職を促進していたことや、意向調査で離職をにおわせても園長との面談がなされなかったことなどが離職へとつながっていったことを示している。同様に内田・松崎（2016）も上記に挙げた要因が単独で離職を引き起こすというよりも、様々な要因が複合的に影響して結果として離職に至っていることを指摘している。

2）保育現場を対象とした研究

　保育現場を対象として早期離職の要因を明らかにした研究は表1-5の通りである。

　これらの研究の中で共通して挙げられているものは「人間関係力・コミュニケーション力不足」であり、現場側は早期離職の要因となっている「人間関係」は新卒保育者の力不足からくると捉えていることがうかがえる。幼稚園の管理職は、新卒保育者が採用後長続きしない理由として、人間関係がうまくいかな

い、上司とのコミュニケーションがうまく図れないことを挙げている（正司2010）。また、岡本ら（2011）は、幼稚園・保育所の管理職の聴き取り調査から、新卒者の保育実践力が不十分であることや、縦の人間関係に弱いことから、新卒者への対応に苦慮していることを報告し、新卒者の保育実践力と人間関係力の未熟さに原因があると述べている。また、ベテラン保育者も、若い保育者の人と関わる力の変容が現在の早期離職の背景にあると考えている（千葉2017）。

　「人間関係力・コミュニケーション力不足」以外の要因に関しては、研究によって共通点が少なく、それぞれの研究によって異なっていた。加藤・鈴木（2011）は、「仕事への適性のなさ」が離職につながっていると捉えているが、これは様々な内容を含む抽象的なものともいえる。竹石（2013）は、この加藤・鈴木（2011）のデータを再分析し、早期離職者の増加の背景に、「仕事への意欲」「人間関係」「専門職以前の社会人としてのマナーや基本的生活様式」「精神的弱さ」「女性のライフサイクルの問題」があると指摘している。また、これらは保育者特有のことではなく、学校から社会への移行過程において若者全体が直面している問題としている。森本ら（2013）は、早期離職者の退職理由として施設側が把握している理由は「精神的な体調不良」「進路変更」が多く、施設側が職場定着を困難にしている理由として上位に挙げたのは「卒業時と現場で求められる実践能力のギャップ」「現代の若者の精神的な未熟さ」であったことを挙げている。

　以上から、保育現場はむしろ早期離職は離職した当事者側に問題があると捉えており、新卒保育者の力不足や未熟さにより現場の管理職等も新卒保育者への対応に苦慮していることが示されている。

表1-5　保育現場を対象とした調査による早期離職の要因

調査対象と方法	人間関係力・コミュニケーション力不足	精神的弱さ・未熟さ	仕事への適性のなさ	保育実践力	仕事への意欲のなさ	マナーや基本的生活様式の未熟さ	女性のライフサイクルの問題	卒業時と現場での実践能力のギャップ
正司（2010）　幼稚園の管理職へのインタビュー	1							
加藤・鈴木（2011）　幼保および児童福祉施設への質問紙			1					
岡本ら（2011）　幼保の管理職への聴き取り	1			1				
竹石（2013）　加藤・鈴木（2011）のデータ再分析	1	1			1	1	1	
森本ら（2013）　幼保の管理者・新人教育担当者への質問紙		1						1
千葉（2017）　ベテラン保育者へのインタビュー	1		1					
合計	4	2	2	1	1	1	1	1

4．早期離職の防止策

　早期離職の防止策を検討しているものは、以下の3つに分類できる。1つ目が保育者を養成する段階での方策、2つ目が養成校から現場への接続期における方策、3つ目が保育現場における方策である。

1）養成段階での方策

　養成校において、表1-6に示した能力の育成が必要であるとする研究があった。

　共通していたのは、人間関係力・コミュニケーション力である。竹石（2013）は、養成段階で「人間関係形成力」や「コミュニケーション能力」を養成可能な能力・開発可能な能力として捉え直すことの必要性を指摘している。具体的に人間関係力向上を目指した教育を実践し、その効果を明らかにしているものとして、永渕（2016）の研究がある。この研究では、保育者養成校において人間関係力向上を目指したオペレッタ制作活動を実施し、28名中23名が人間関係力の向上を自覚していること、成長がみられなかった3名は、就職後も人間関係の行き詰まりから早期離職していることを明らかにしている。また、佐伯（2015）は、養成教育において実施している長期インターンシップ実習の継続

表1-6　保育者養成段階で育成すべき能力

調査対象と方法	人間関係力・コミュニケーション力	メンタルヘルスを含む健康管理能力	ソーシャルスキル	キャリアプランニング能力	社会人基礎力	保育実践力
岡本ら（2011）　幼保の管理職への聴き取り	1					1
竹石（2013）　加藤・鈴木（2011）のデータ再分析	1					
森本ら（2013）　幼保の管理者・新人教育担当者への質問紙		1	1			
小川（2013）　先行研究等の整理、卒業生への聴き取り						
上田・松本（2015）　卒業生への質問紙		1	1			
濱名（2015）　先行研究の整理					1	
佐伯（2015）　長期的インターンシップ実習に関連する学生へのアンケート調査	1					
永渕（2016）　オペレッタ制作活動に参加した学生への事前事後のインタビューと卒業後の追跡インタビュー	1					
松尾（2017）　先行研究の整理				1		
合計	4	2	2	1	1	1

組と非継続組の違いを分析し、継続組は自分で学びのサイクルを作ることができているが、非継続組は自分自身の一定の思考パターン、行動パターンから抜け出せないでいる学生が多いと推測している。この結果から養成段階で実習先の保育者と豊かな関係性を築くことが自分自身の「動きやすさ」や成長につながることを実習の段階で十分に実感させることが重要と述べている。

　次に、メンタルヘルスを含む健康管理能力とソーシャルスキルがある。森本ら（2013）は、養成機関において自らのメンタルヘルスを維持するための方法を身につけることや、社会的スキルを育てていく様々な取り組みをカリキュラムの一環として取り入れていくことを提案している。また、上田・松本（2015）もメンタルヘルスを含めた健康管理能力とソーシャルスキルの向上を促す教育の必要性を指摘しているが、具体的な方法は提示されていない。

　また、松尾（2017）は、早期離職を防ぐキャリア教育にはキャリアプランニング能力が必要であるとし、保育者のキャリアプランニング能力を高めるためには、筋道を立てた問題解決過程を経て結論に至ることの有効性に気づくことが必要と述べている。そこで、解を求める際に多様な良さに気づかせるシミュレーションゲームを提案している。しかし、このゲームの効果等は実証的に示

されておらず、こうしたゲームが保育者のキャリアプランニング能力の向上につながっていくかは不明である。

　濱名（2015）は、先行研究の検討から保育技術や子どもと対応する力といった専門性の向上の前に、総合的な人間力や社会人基礎力にあたる力をどのように育てていくかが養成教育に求められているとしている。この総合的な人間力や社会人基礎力は、ソーシャルスキルやコミュニケーション力などを含む広い概念であり、上記に挙げた力をすべて含むものと考えられる。

　一方、岡本ら（2011）は、人間関係力のみならず保育実践力の向上も視野に入れ、保育・教職実践演習という科目の中で理論と実践的学修を統合するように意識し、具体的なカリキュラムや授業内容を提示している。しかし、この効果については示されていない。

　養成校における能力の育成だけではなく、就職支援への提言として、上田・松本（2015）は新任保育者を育てる雰囲気がある園かどうか、また園の方針が明確かつ健全かどうかを就職先選定時に十分吟味するように学生に促すべきとしている。

　以上のことから、早期離職を防ぐためには、保育実践力などの保育者としての専門性以前に、コミュニケーション力や健康管理能力といった組織の一員として働くうえで必要な力を養成教育の中で育てる必要があるということが共通した見解であるといえる。しかし、それらの力をどのようにして育成するのかという具体的な方法やそうした教育の効果などはまだ十分に実証されていない。

２）養成校から現場への接続

　養成校から現場への接続としてまず挙げられるのが、養成校による卒業生への支援である。卒業生に対するサポート体制の再構築の必要性（岡本ら2011）、卒業生のメンタル支援への取り組みの必要性（森本ら2013）、保育技術に関する研修や勉強会といった卒後教育の必要性（小川2013）が挙げられており、それぞれの養成校で具体的な取り組みを実施している。

　また、横山ら（2016）は、最も離職率が高い1年目の壁を乗り越えられるよう、保育施設と養成校の連携による予防活動モデル構築の必要性を挙げている。養成校の学生の質の変化などを保育現場へ伝え、新しい保育者集団の在り方や新人の育成についてともに考えていくため、まずは様々な保育現場で行われている新人保育者育成の現状を知ることから始めるとしている。

　以上のように、保育者養成校としては、卒業後の就職支援のみならず、卒業

生が保育者としてキャリアアップしていけるように継続した支援に取り組むべきとする見解がみられた。また、横山ら（2016）が提案しているように、養成校だけではなく、就職した保育施設とも連携して取り組んでいかなければ早期離職問題の解決は困難であろう。しかし、これらの研究も取り組みの提案や紹介にとどまり、効果の実証には至っていない。

3）現場における対策

保育現場における対策としては、新任保育者が園の文化に定着していけるように、正統的周辺参加を保障し、文化の構成員としてバックアップしながら、養成校で培った専門的な能力を発揮できる条件をつくっていくという視点の重要性が指摘されている（竹石2013）。また、原口（2016）は、比較的経験年数の少ない担任保育者の主観的な保育体験を整理し、園長や他の保育者、保護者がこれらの心理的プロセスを理解し、保育者を責めるのではなくあたたかいまなざしを向ける必要性を述べている。千葉（2017）は、ベテラン保育者も入職して早い時期に「適性のなさ」を感じていたことから、その時期に周りの職員が「保育者同士の仲間意識」を充実させ、「保護者との関わり」を上下ではない関係性で関わり合える場を作るサポート体制が必要であること、また新人保育者自身が「子どもを捉える視点」を膨らませていくことが重要だと述べている。これらは保育現場で新人を支援する方向性を示してはいるが、具体策としては不十分であろう。

具体的な方法としては、特定の先輩保育者を中心とするフォローアップ体制の充実（横山ら2016）や、プリセプターシップ等の導入（松浦ら2015）が検討されている。プリセプターシップとは、もともと看護現場で導入されてきた方法で、新人看護職員1人に対して決められた経験のある先輩看護職員（プリセプター）がマンツーマン（同じ勤務を一緒に行う）で、ある一定期間新人研修を担当する方法である（厚生労働省2014）。しかし、松浦ら（2015）は、保育士の数が少ない施設ではプリセプターの負担が過重になる可能性が高いため、導入の方法については小規模施設に適した方法を考案する必要があると指摘しており、保育現場に合う形での対策を検討する必要がある。

そのような中で、宮崎（2014）は、新人保育士の育成に力をいれている保育園の新人保育士にインタビュー調査を行い、保護者対応における困難に対処していく過程で、新人保育士が受けたと考える職場サポートの状況を具体的に明らかにしている。その結果、①先輩保育士に対して「相談可能な雰囲気」、②先輩保育士に自らの置かれた状況や気持ちを受け止めてもらうこと、③主任・

園長も含めたチームによる職場体制、④法人独自の「職務基準書」の4つが有効な役割を果たしていると述べている。こうした体制は新人保育士の育成に寄与するだけでなく、早期離職の防止にも効果を発揮すると推測される。この宮崎（2014）を1つのモデルとしつつ、今後さらに早期離職を防ぐ観点からも新人保育者を育成する園内体制のモデルを積み上げていく必要がある。

Ⅲ　保育士の早期離職に関する文献レビューからみえてきたもの

　本章では、保育者の早期離職に関する先行研究の動向を整理し、その内容を分析することで早期離職の防止に向けた方向性を探ることを目的として、26本の先行研究の分析を行った。その結果、保育者の早期離職は年々関心が高まり、関連する研究が増加していることが明らかになった。研究の内容から明らかになった早期離職の現状と早期離職防止に向けた方向性について以下に述べる。

1．保育者の早期離職の現状

　早期離職の数や早期離職率に関する研究においては、4割程度の保育現場で早期離職者が存在しており、保育者の早期離職は多くの保育現場に共通の課題といえる。また、離職率は卒後1年目が一番高いとする結果もあり（横山ら2016）、20％の保育現場で1年未満の離職者がいたことから（加藤・鈴木2011；森本ら2013）、就職後1年目から離職を防ぐための試みが必要であろう。

　早期離職の要因に関しては、「人間関係」にかかわるものが多くの研究で共通して挙げられ、この点では一致している。しかし、早期離職をした当事者と保育現場の間に齟齬がみられた。当事者は「人間関係」や職場の様々な問題から結果として「心身の不調」に至り離職していると捉えているケースが多く、離職の要因は現場側にあると捉えている。一方、保育現場の管理職等は新卒保育者の「人間関係力やコミュニケーション力不足」が問題と捉え、離職の要因は離職した保育者側にあると捉えている。また、早期離職の要因は、個人的要因、職場の状況、労働条件など様々なものがあり、これらの要因が複合的に絡み合っていることも指摘されている。

　両者の認識の齟齬については、どちらかが間違っているというものではなく、「人間関係」を取り巻く問題が現実に保育現場で起こっており、それが早期離職につながっていると考えられる。しかし、当事者と現場側が互いに相手側に原因があると捉えている現状では、この問題は解決しない。また、早期離職に

至るまでに複数の要因が絡み合っていることも、早期離職の解決を困難にしているといえる。

２．早期離職の防止に向けた方向性

　早期離職を予防する方策に関しては、①保育者養成段階での教育のあり方、②養成校と保育現場との接続や連携、③保育現場における支援体制の３段階で考えられていた。特に、保育者養成校において保育者としての専門性のみならず、社会の一員として必要とされる力（たとえば、コミュニケーション力）などを身につけるような教育のあり方が検討されていた。こうした養成段階での教育は非常に重要であるものの、人手不足が深刻化し実際に保育者の獲得が難しくなっている現場の状況を考えると、養成校だけで解決することは困難であろう。保育現場も積極的に新人保育者の早期離職を防ぎ、育成していく体制を早急に整えていかなければならない。その際、早期離職の要因が新卒保育者の側にあるか現場側にあるかという視点での議論ではなく、どちらにしても職場の人間関係により離職が起こっている現実を直視し、いかにして職場の中で働き続けられる体制を整えていくかに注力しなければならないと考える。宮崎（2014）は、１つの園における職場サポートの体制を分析し、具体的な支援体制のモデルを提示している。このように新人保育士への支援体制を整え、早期離職の防止に努めている保育現場の実践に関する実証的研究を積み上げ、早期離職を防ぐ職場体制のモデルを築き上げることが必要であると考える。

３．本章で残された課題

　本章では「早期離職」をキーワードとして論文検索を行ったが、「新任保育者」「困難」「研修」「職場体制」など、早期離職に関連するキーワードはほかにもある。また、2017年７月までに入手可能であった論文を対象とした分析であり、その後に刊行された論文については本章では取り上げられていない。年々本テーマや関連する内容を主題とする研究が増加していることから、以降の章では適宜それらの研究も引用する。

　さらに、本章では「早期離職」のみを取り上げたが、保育の質向上の観点もふまえると、３年以上在職している保育者の離職も大きな課題である。中堅やベテランといわれる保育者が現場にいなければ、新人保育者を育成する体制を作ることも困難だろう。次章以降ではこの点もふまえて、検討を行う。

第2章
保育士の早期離職の実態と
それに対する効果的取り組み

Ⅰ　質問紙調査の概要

1．目的

　第1章で述べたように、保育者の早期離職は多くの保育施設に共通する課題であり、近年の保育士不足の深刻化から考えても早期離職防止に早急に取り組む必要がある。保育士の早期離職防止策もいくつか提示されているが、これらの対策が実際に保育現場でどれほど実施されているのかについては十分明らかにされていない。

　また、より効果的に早期離職を防止するためには、どのような対策が早期離職防止に寄与するかを明らかにする必要がある。前章で対象としなかった2017年7月以降に刊行された論文の中には、早期離職が少ない園と多い園を比較し、少ない園の特徴を検討したものがある。たとえば、増渕・横山（2019）は、熊本県内の保育施設の管理職、中堅、新任を対象にアンケート調査を行い、早期離職の少ない職場は保育施設全体での課題共有や同じ方向に向かって協力・連携していける環境があると述べている。合わせて、中堅の負担感を指摘し、課題解決のための方策として、気持ちの休息が取れる休憩時間の確保を挙げている。また、加藤・安藤（2021）は近畿及び中国地方の保育施設の園長等を対象とした自記式調査から、若手保育者の離職がない園はある園に比べて「職員同士の関係作り」が多くなされていたことを報告している。これらのことから、早期離職の少ない園は、若手保育者に特化した取り組みを行っているというより、職員全体にかかわる取り組みを実施していると考えられる。実際、早期離職率が高い職場で働く保育者ほど離職意向が高いこと（庭野2020）からも、効果的な早期離職防止策を検討するにあたっては、早期離職のみならず、すべての保育士の離職状況も合わせてみていく必要があるだろう。

　そこで本章では、大阪府内の私立保育施設を対象とした質問紙調査によって以下の2つを明らかにし、より効果的な早期離職防止策について検討を行う。第1に、保育士の早期離職の実態と早期離職防止策の実施状況を明らかにする。第2に、保育士の早期離職率および4年目以上の離職率の高低と、施設の状況や施設内で実施されている早期離職防止策との関連を明らかにする。

　また、本章では、「離職者」を該当年度中に施設を退職した正規雇用の保育士とし、離職者のうち在職3年未満の者を「早期離職者」、在職4年目以上（つまり在職期間満3年以上）の者を「4年目以上離職者」とする。

2．調査手続き
1）対象者
　大阪府社会福祉協議会の保育部会に所属している保育施設687か所の施設長等を対象とした。そのため、後述するように本調査の回答施設は多くが社会福祉法人立の保育施設であり、大阪府の傾向を反映して幼保連携型認定こども園の回答が多くなっている。
2）調査依頼
　大阪府社会福祉協議会の保育部会長の許可を得て、会員施設である687施設に調査票を1部ずつ郵送し、施設長（所長・園長）や主任保育士等、施設全体について把握している者に回答を求めた。郵送時に依頼文を同封し、調査に同意が得られた場合にのみ回答のうえ返送してもらった。その結果、306施設（44.5％）から回答を得た。調査期間は2018年11月〜12月であった。

3．調査項目
　調査項目は以下の9項目である。①施設の基本属性（在園児数、施設種別、開設時期、同一法人内にある児童福祉系施設数など）、②回答者の基本属性（現在の立場や在職年数など）、③施設の職員数等（職員総数、正規雇用の保育士数など）、④保育士資格保持者の正規職員の初任給、⑤過去3年間の離職者数、⑥早期離職者の離職理由、⑦施設全体での離職防止に向けた取り組み（14項目）、⑧在職3年目までの保育士に対する対応（11項目）、⑨そのほかの早期離職防止のための取り組み（自由記述）である。
　項目⑤過去3年間の離職者数においては、2015年度、2016年度、2017年度の年度ごとに「在職1年目」「在職2年目」「在職3年目」「在職4年以上」のそれぞれの離職者数を尋ねた。また、項目⑥⑦⑧は、それぞれ先行研究（加藤・鈴木2011；森本ら2013；宮崎2014；松浦ら2015；横山ら2016；大嶽2017など）を参考に項目を挙げ、内容が重なる項目を整理して作成した。その際、調査対象者の負担を抑えるため、それぞれ15項目以内になるようにした。項目⑦と⑧は、回答時点での実施度について「1．全く実施していない、2．あまり実施していない、3．ある程度実施している、4．十分実施している」の4段階で

聞いた。作成した調査票は、調査前に調査対象外の保育園長に提示し、わかりにくい点や不足している項目について意見を求め、得られた意見を参考に修正を行った。

4．分析方法

下記の分析において、統計解析等が必要なものはすべてSPSS Statistics 25を使用した。

1）単純集計

項目①〜⑧の回答について、回答分布の単純集計や記述統計量を求めた。なお、項目ごとに欠損値を除いて集計している。

2）自由記述の質的分析

項目⑨については、自由記述に記載があった内容をすべて原文のまま入力し、意味のまとまりごとに切片化してラベルをつけ、似た内容のラベルを集めて小カテゴリ、さらに似た内容の小カテゴリを集めて大カテゴリに分類した。

3）離職率等との関連分析

後述する方法で早期離職率と4年目以上離職率を算出し、2つの高低をかけ合わせた4群（図2−1）を想定して、分析を行った。この分析では、早期離職率と4年目以上離職率の算出に必要な回答に欠損値のない283施設（有効回答率41.2%）のデータを使用した。すべての分析において、有意水準は5%未満とした。

		4年目以上離職率	
		低群	高群
早期離職率	低群	A 全体に離職率が 低い群 (n=98)	B 4年目以上離職率 のみ高い群 (n=78)
	高群	C 早期離職率 のみ高い群 (n=62)	D 全体に離職率が 高い群 (n=45)

図2−1　早期離職率の高低×4年目以上離職率の高低による4群

早期離職率と4年目以上離職率は、離職実態に対する施設規模の影響を減らすため、各年度の早期離職者数（もしくは4年目以上離職者数）を回答時点の正規保育士数で除してから、100を乗じて算出した（例：2017年度の早期離職率＝2017年度の早期離職者数÷回答時点での正規保育士数×100）。2015年度か

ら2017年度の３年間の早期離職率の平均値をその施設の早期離職率、同じく３年間の４年目以上離職率の平均値をその施設の４年目以上離職率とした。なお、分母が回答時点での正規保育士数であるため、正確な離職率ではなく参考値として捉えた。

　次に、早期離職率と４年目以上離職率の全施設の平均値をそれぞれ算出したところ、過去３年間の早期離職率の平均は7.85（±7.86）％、４年目以上離職率の平均は5.99（±5.81）％であった。そこで、それぞれの平均値以上と未満で、早期離職率高群／低群、４年目以上離職率高群／低群に分けた。

　従属変数は、先に挙げた９項目の中から以下の６項目とした。①施設の基本属性（在園児数、施設種別、開設時期など）、②施設内の職員数（職員総数、正規雇用の保育士数、保育士の正規職員率）、③同一法人内にある児童福祉系施設数（回答施設を除く）、④正規職員の初任給（短期大学・専門学校卒、四年制大学卒）、⑤施設全体での離職防止に向けた取り組み（14項目）、⑥在職３年目までの保育士に対する対応（11項目）。

　従属変数が名義尺度の場合には、図２-１の４群と各変数間のクロス集計後、χ^2検定を行った。χ^2検定で有意な差がみられた項目については、調整済み残差を確認した。従属変数が間隔尺度以上の場合は、早期離職率（高群／低群）×４年目以上離職率（高群／低群）の２要因の分散分析を実施した。その際、交互作用が有意な場合には単純主効果の検定を行った。

５．倫理的配慮

　本調査は大阪府立大学大学院人間社会システム科学研究科研究倫理委員会で承認（2018年10月31日）を得て実施している。本調査は無記名であり、回答から個人を特定することはできない。調査票への回答をもって調査への同意を得たものとした。

Ⅱ　対象施設の概要や職員等の実態

１．結果

１）施設の基本属性

　施設の基本属性の回答分布を表２-１に示した。施設種別は「保育所（園）」48.0％、「認定こども園（幼保連携型）」48.7％とほぼ同数であった。運営形態は「私立」98.7％、運営主体は「社会福祉法人」96.4％と、回答施設のほとんどが

私立の社会福祉法人主体の施設であった。開設時期は「1999年以前」が58.4%
と多かった。民営化は「していない」79.1%、「した」20.9%であり、民営化し
た時期は「2009年以前」と「2010年以降」でおよそ半数ずつであった。また、
施設種別の変更を「していない」55.2%、「した」44.8%であり、変更時期は「2015
年以降」が多かった。定員数は「100-150名未満」（42.3%）が最も多く、次い
で「50-100名未満」（25.9%）であった。現在の在園児数で最も多いのは「100-150
名未満」（49.3%）、次いで「150-200名未満」（20.6%）であった。

表2-1　施設の基本属性

N=306

		回答数	%			回答数	%
施設種別	保育所（園）	147	48.0	施設種別の変更	していない	169	55.2
	認定こども園（幼保連携型）	149	48.7		した	137	44.8
	認定こども園（保育所型）	10	3.3		2014年以前	9	2.9
運営形態	私立	302	98.7		2015年以降	128	41.8
	公設民営	4	1.3	定員数	50名未満	17	5.6
運営主体	社会福祉法人	294	96.4		50-100名未満	79	25.9
	学校法人	5	1.6		100-150名未満	129	42.3
	宗教法人	4	1.3		150-200名未満	65	21.3
	その他	2	0.7		200名以上	15	4.9
開設時期	1999年以前	174	58.4	現在の在園児数	50名未満	19	6.2
	2000-2009年	60	20.1		50-100名未満	57	18.6
	2010年以降	64	21.5		100-150名未満	151	49.3
民営化	していない	242	79.1		150-200名未満	63	20.6
	した	64	20.9		200名以上	16	5.2
	2009年以前	33	10.8				
	2010年以降	31	10.1				

※欠損値を除いて集計した

2）回答者の基本属性

　回答者の属性の回答分布を表2-2に示した。回答者の73.2%が「施設長（所
長・園長）」であった。現在の立場での経験年数は「1-4年目」であるものが
36.5%と最も多かった。現施設での在職年数は「10-19年目」（29.8%）と「20年
以上」（28.8%）、現在の施設に限らず保育施設での勤務年数は「30年以上」
（26.9%）、「20-29年目」（25.2%）が多かった。

表2-2　回答者の属性

N=306

		回答数	%			回答数	%
現在の立場	施設長（所長・園長）	218	73.2	現施設での在職年数	1-4年目	48	15.9
					5-9年目	77	25.5
	主任	37	12.4		10-19年目	90	29.8
	その他	43	14.4		20年以上	87	28.8
現在の立場での経験年数	1-4年目	110	36.5	保育施設での勤務年数（現在の施設に限らない）	なし	42	14.0
	5-9年目	80	26.6		1-9年目	40	14.0
	10-19年目	74	24.6		10-19年目	55	19.2
	20年以上	37	12.3		20-29年目	72	25.2
※欠損値を除いて集計した					30年以上	77	26.9

3）施設の職員数等

　施設内の総職員数の回答分布を図2-2に示した。総職員数とは、施設長、副施設長、主任保育士、保育士または保育教諭、幼稚園教諭免許状のみ保持者、その他保育補助、看護師、調理担当、その他職員の合計数である。総職員数は「30-39名」の施設が最も多く（39.2%）、次に多いのが「20-29名」（22.1%）であった。なお、総職員数が最も少ない施設は「14名」、最も多い施設は「98名」という回答であり、総職員数の平均は36.6（±12.3）名であった。

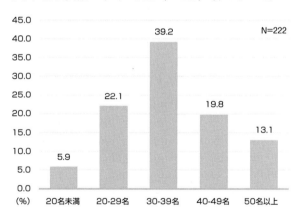

図2-2　施設内の総職員数の回答分布

　各職員の人数の回答分布を表2-3に示した。施設長は「1名」（99.7%）、副施設長は「なし」（51.6%）、主任保育士は「1名」（61.1%）が多かった。保育士資格保持者（保育士または保育教諭）は、「20-29名」（50.5%）が最も多く、次いで「10-19名」（26.8%）であった。なお、保育士資格保持者は最も少ない

施設で「8名」、最も多い施設で「48名」であり、平均人数は24.0（±7.7）名であった。幼稚園教諭免許状のみ保持者は「なし」（69.8%）が多かった。その他保育補助は「2-4名」（32.4%）、「なし」（27.3%）、「1名」（24.4%）とばらつきがみられた。看護師は「1名」（53.5%）、調理担当は「2-4名」（65.7%）が最も多かった。「その他」には事務員やバスの運転手、警備員等が含まれ、「1名」（34.8%）が最も多かったが、「なし」とする回答も32.7%あった。

表2-3　各職員の人数

N=306

		回答数	%			回答数	%
施設長	1名	301	99.7		なし	75	27.3
	2名	1	0.3	その他 保育補助	1名	67	24.4
副施設長	なし	142	51.6		2-4名	89	32.4
	1名	131	47.6		5名以上	44	16.0
	2名以上	2	0.7		なし	109	38.4
主任保育士	なし	11	3.7	看護師	1名	152	53.5
	1名	184	61.1		2名以上	23	8.1
	2名以上	106	35.2		なし	27	9.5
保育士資格保持者 （保育士または保育教諭）	10名未満	4	1.4	調理担当	1名	7	2.4
	10-19名	78	26.8		2-4名	188	65.7
	20-29名	147	50.5		5名以上	64	22.4
	30-39名	53	18.2		なし	100	32.7
	30名以上	9	3.1	その他	1名	106	34.8
幼稚園教諭免許状 のみ保持者	なし	182	69.8		2-4名	89	29.1
	1名	47	17.9		5名以上	11	3.6
	2-9名	10	3.8				
	10名以上	22	8.4				

※欠損値を除いて集計した

　保育士資格保持者の正規職員率の回答分布を図2-3に示した。保育士資格保持者の正規職員率は、保育士資格保持者のうち正規職員の数／保育士資格保持者の合計数×100によって算出した。最も多いのが「50-60%未満」（23.4%）、次いで「60-70%未満」（21.3%）であった。正規職員率が最も低かった施設は「23.1%」で、最も高かった施設は「100%」であり、全体の平均は61.6（±17.5）%であった。

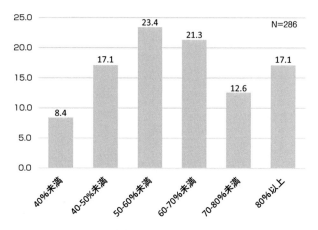

図2-3　保育士資格保持者の正規職員率の回答分布

4）保育士資格保持者の正規職員の初任給

保育士資格保持者の初任給について、短期大学・専門学校卒と四年制大学卒それぞれの平均値等を表2-4に示した。短期大学・専門学校卒の場合の初任給の平均は179,298（±14,479）円で、最も低い施設で「142,900円」、最も高い施設で「225,000円」という回答であった。四年制大学卒の場合は、短期大学・専門学校卒よりも高くなり、初任給の平均が186,762（±15,558）円で、最も低い施設で「150,000円」、最も高い施設で「238,000円」であった。

保育士資格保持者の初任給の回答分布を図2-4に示した。短期大学・専門学校卒の場合は、「18-19万円未満」とする回答が最も多く23.7%、次いで「16-17万円未満」22.6%、「17-18万円未満」22.3%であった。四年制大学卒は「18-19万円未満」が28.2%と最も多く、次いで「17-18万円未満」が21.0%であった。

表2-4　初任給の平均値等

	N	平均値	標準偏差	最小値	最大値
短期大学・専門学校卒	283	179,298 円	14,479	142,900 円	225,000 円
四年制大学卒	262	186,762 円	15,558	150,000 円	238,000 円

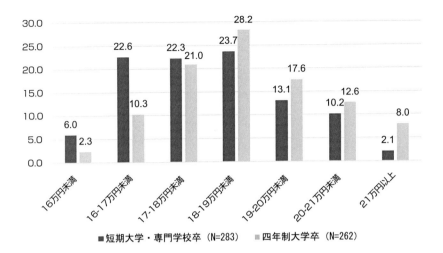

図2-4　初任給の回答分布

2．考察

　本調査対象施設の総職員数は平均36.6名、保育士資格保持者のみでは平均24.0名であり、一般企業等に比べると一事業所における従事者が少ないといえる。こうした中で離職者が1名でも出ると、業務への影響は大きいと考えられる。また、保育士資格保持者の配置基準が定められていることからも、離職者が増加し保育士数が基準に満たない状況になれば、受け入れ園児数を減らすなどの対応を余儀なくされる。単純に離職者数や離職率を一般企業等と比較するのではなく、少数の職員で運営されている保育施設の特徴をふまえた議論が必要であろう。

　保育士資格保持者の正規職員率は平均61.6％で、一番低い施設で23.1％であった。東京都の非正規保育者に関する調査（小尾2015）では正規職員率が55.3％であったため、本調査ではそれより高い結果となった。しかし、25.5％の施設で正規職員率が50％未満であった。正規職員が半数以下の場合には少数の正規職員に責任や負担が集中する可能性があり、正規職員率が低い施設における業務のあり方なども検討する必要がある。

　保育士資格保持者の正規職員の初任給は、短大・専門学校卒の場合で179,298円、四年制大学卒でも186,762円であった。一方、平成30年賃金構造基本統計調査（厚生労働省2018）によると初任給の平均は高専・短大卒で

181,400円、大学卒で206,700円であり、一般の初任給と比較するといずれも低い。国は保育士の処遇改善に力を入れることで保育士確保に取り組んでいるが、まだ十分とはいえず、処遇の問題から保育士としての就職を避ける者もいると考える。庭野（2020）は離職意向と給与が有意な関連であることを統計的に示しており、離職防止に向けても保育士の処遇改善が急がれる。

Ⅲ　保育士の早期離職の現状

1．結果

1）過去3年間の早期離職者の有無と早期離職者数

　過去3年間の早期離職者の有無と「あり」の場合の早期離職者数の回答分布を表2-5に示した。過去3年間に早期離職者が「あり」の施設は81.8%と、ほとんどの施設が過去3年の間に1名以上の正規保育士の早期離職を経験していた。在職期間別にみると、過去3年間に在職1年目離職者「あり」と回答した施設は58.4%で、2年目離職者「あり」は49.7%、3年目離職者「あり」は47.3%といずれも半数程度であった。

　過去3年間の早期離職者が「あり」の場合の早期離職者数の回答分布をみると、過去3年間の合計早期離職者数は「1-2名」32.4%、「3-4名」25.0%、「5-9名」20.9%とばらつきがあった。在職期間別にみると在職1年目、2年目、3年目いずれの離職者数も「1-2名」が最も多く、順に41.2%、41.6%、38.5%であった。

表2-5　過去3年間の早期離職者の有無と人数内訳

		合計早期離職者		在職1年目のみ		在職2年目のみ		在職3年目のみ	
		回答数	%	回答数	%	回答数	%	回答数	%
な	し	54	18.2	123	41.6	149	50.3	156	52.7
あ	り	242	81.8	173	58.4	147	49.7	140	47.3
「あり」の場合の離職者数内訳	1-2名	96	32.4	122	41.2	123	41.6	114	38.5
	3-4名	74	25.0	35	11.8	19	6.4	22	7.4
	5-9名	62	20.9	16	5.4	4	1.4	4	1.4
	10名以上	10	3.4	0	0	1	0.3	0	0.0

2）年度ごとの早期離職者数の推移

　年度ごとの早期離職者の有無と「あり」の場合の早期離職者数の回答分布を表2-6に示した。早期離職者が「あり」の施設は、2015年度51.0%、2016年度55.6%、2017年度56.5%と毎年度微増している。早期離職者が「あり」とす

る保育施設のうちおよそ半数が「１名」の離職であり、全施設のうち30%前後が１年で１名の早期離職を経験していた。

表2-6　年度ごとの早期離職者の有無と人数内訳

		2015年度		2016年度		2017年度	
		回答数	%	回答数	%	回答数	%
な	し	146	49.0	132	44.4	130	43.5
あ	り	152	51.0	165	55.6	169	56.5
	1名	74	24.8	90	30.3	83	27.8
「あり」の場	2名	44	14.8	37	12.5	51	17.1
合の離職者	3名	16	5.4	26	8.8	20	6.7
数内訳	4名	11	3.7	3	1.0	10	3.3
	5名以上	7	2.3	9	3.0	5	1.7

３）早期離職者の離職理由

　早期離職者の離職理由として、施設側が把握している理由を複数回答で尋ねたところ、図２-５の結果となった。最も多い理由は「転職（他の保育・幼児教育施設）」で103件、次いで「結婚」が99件であった。その他多い順に、「転職（保育士以外の職業）」「家庭の事情」「仕事への適性がない」「精神的な体調不良」「職場の人間関係」「妊娠・出産」であった。

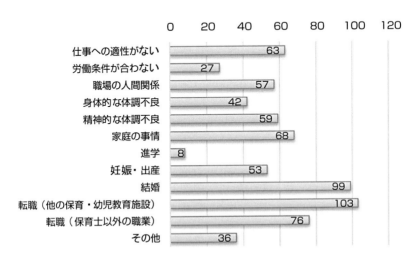

図2-5　早期離職者の離職理由（複数回答）

2．考察

　過去3年間に早期離職者が「あり」と回答した施設は81.8％であり、ほとんどの施設が過去3年間に正規の保育士の早期離職を経験していることが明らかになった。これまでの先行研究では、過去3年間に在職3年未満の退職者がいた施設は37.1％（加藤・鈴木2011）、43.2％（森本ら2013）と報告されており、本調査のほうが多い結果となった。本調査の対象施設に公立が含まれていないことが1つの理由と考えられる。また、本調査で年度ごとに早期離職者数が微増傾向にあったことから、近年早期離職者が増加している可能性も考えられる。

　在職期間別にみると在職1年目での離職者がいた施設が58.4％と多く、横山ら（2016）も指摘している通り、特に在職1年目の離職防止を検討する必要がある。また、早期離職者が1年間に「5名以上」という施設も少ないながら毎年存在しており、一部の施設では単年度に複数名の早期離職も起きていることが明らかになった。大量退職が起きた場合には次年度の保育士確保も難しく、保育の質の担保が課題になるため、そうした事態が起こる背景についても明らかにする必要があるだろう。

　早期離職者の離職理由として最も多いのは「転職（他の保育・幼児教育施設）」、次いで「結婚」であった。離職者本人を対象とした調査では人間関係や心身の不調が上位にくるものが多く（岡本ら2010；遠藤ら2012；横山ら2016）、施設の管理職を対象にした調査では「仕事への適性がない」という理由が最も多くみられた（加藤・鈴木2011）が、本調査ではいずれも上位ではなかった。これは本調査の「早期離職者」を「卒後3年」ではなく「在職後3年」と定義したことが関係していると考える。在職3年目までの保育士の中には、他の施設から転職してきた者も含まれ、転職に対する心理的ハードルが低いことが考えられる。また、大阪府内では保育施設の新設も増加していることや有効求人倍率の上昇もあり、他施設へ転職しやすい状況であるとも考えられる。しかし、離職者本人と現場の認識のずれが指摘されているように、今回離職理由として多く挙げられた「転職（他の保育・幼児教育施設）」や「結婚」が本質的な理由かどうか疑う余地はあると考える。

IV　離職防止のための施設における取り組み

1．結果
1）施設全体での取り組みの実態

　施設全体での各項目の取り組み状況を表2−7に示した。平均値が高かったのは、順に「⑤産休や育休取得の促進」（3.68±0.60）、「③休暇取得の促進」（3.50±0.61）、「⑧園外研修への参加促進」（3.44±0.69）であった。逆に平均値が低かったのは、順に「⑬外部コンサルティングの利用」（1.89±0.96）、「⑪人事評価方法の明確化」（2.61±0.97）、「⑨新人教育担当者の明確化（メンター制などを含む）」（2.69±0.86）であった。

　施設全体での取り組みについての回答分布を図2−6に示した。表2−7で平均値が高かった3つの項目（「③休暇取得の促進」「⑤産休や育休取得の促進」「⑧園外研修への参加促進」）は、いずれも「十分実施している」という回答が50％を超えていた。一方で、表2−7で平均値が低かった3つの項目（「⑨新人教育担当者の明確化（メンター制などを含む）」「⑪人事評価方法の明確化」「⑬外部コンサルティングの利用」）は、「十分実施している」という回答が3割を切っている。特に、「⑬外部コンサルティングの利用」については「全く実施していない」が43.6％と、多くの施設が実施していなかった。

表2−7　施設全体での取り組みの状況

	N	平均値	標準偏差
①保育理念の共通理解の促進	302	3.27	0.68
②業務負担の軽減	305	3.25	0.55
③休暇取得の促進	305	3.50	0.61
④給与等の改善	304	3.37	0.63
⑤産休や育休取得の促進	304	3.68	0.60
⑥園内カンファレンスの実施	299	3.01	0.68
⑦園内研修の実施	304	3.15	0.74
⑧園外研修への参加促進	300	3.44	0.69
⑨新人教育担当者の明確化（メンター制などを含む）	297	2.69	0.86
⑩定期的な個別面談	301	3.00	0.85
⑪人事評価方法の明確化	299	2.61	0.97
⑫キャリアアップの仕組みの明示	300	3.01	0.82
⑬外部コンサルティングの利用	298	1.89	0.96
⑭相談窓口の設置	297	2.86	0.98

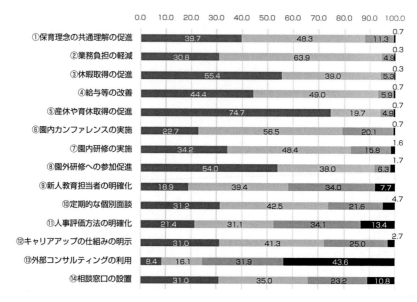

図2-6　施設全体での取り組み状況の回答分布

２）在職３年目までの正規保育士に対する対応の実態

　在職３年目までの正規保育士に対する施設長等の対応状況を表２-８に示した。平均値が高かったのは、高い順に「①積極的に声をかける」（3.53±0.55）、「⑪配属クラスを工夫する」（3.52±0.59）、「⑧失敗を責めない」（3.42±0.62）であった。逆に平均値が低かったのは、低い順に「⑨勤務時間を削減する」（2.77±0.92）、「⑩勤務を一部免除する（行事の担当を減らすなど）」（2.78±0.89）、「②プライベートの話をする」（2.89±0.73）であった。

　在職３年目までの正規保育士に対する施設長等の対応の回答分布を図２-７に示した。表２-８で平均値が低かった３項目（「②プライベートの話をする」「⑨勤務時間を削減する」「⑩勤務を一部免除する（行事の担当を減らすなど）」）以外は、すべて「実施している」（「十分実施している」「ある程度実施している」の計）が８割を超えている。特に「十分実施している」という回答が50％を超えていたのは、「⑪配属クラスを工夫する」56.9％と「①積極的に声をかける」55.3％であった。

表2-8　在職3年目までの正規保育士に対する対応の状況

	N	平均値	標準偏差
①積極的に声をかける	300	3.53	0.55
②プライベートの話をする	300	2.89	0.73
③個別面談を実施する	301	3.18	0.78
④思いを受容したり、共感したりする	299	3.32	0.57
⑤意見を尊重する	301	3.26	0.55
⑥丁寧に説明する	299	3.39	0.63
⑦先輩保育士との関係をつなぐ	300	3.20	0.64
⑧失敗を責めない	299	3.42	0.62
⑨勤務時間を削減する	297	2.77	0.92
⑩勤務を一部免除する（行事の担当を減らすなど）	297	2.78	0.89
⑪配属クラスを工夫する	299	3.52	0.59

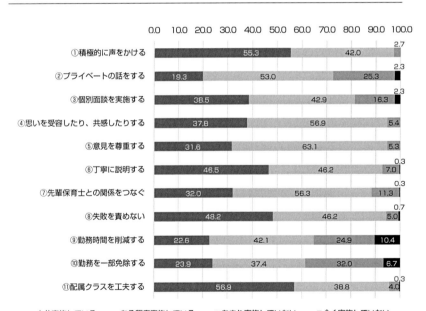

図2-7　在職3年目までの正規保育士に対する対応の回答分布

3）そのほかの早期離職防止のための取り組み

　そのほかに、早期離職防止のために取り組んでいることについて自由記述で回答を得た。それらの回答を内容ごとに切り分けて、内容を端的に示すラベルをつけたところ205のラベルが得られた。それらのラベルについて類似したものを集めて表札をつけ20の小カテゴリとし、さらに小カテゴリ同士で似た内容のものを集めて表札をつけて４つの大カテゴリとした（表2-9）。小カテゴリと大カテゴリの関係性を図示したものが図2-8である。以下では、大カテゴリは≪　≫で、小カテゴリは＜　＞で示す。なお、図表中の小カテゴリの（　）内の数字は、該当するラベルの数を表している。

表2-9　そのほかの早期離職防止のための取り組み（自由記述）の分析結果一覧

大カテゴリ	小カテゴリ	ラベル	具体的な記述例（原文をもとに読みやすいよう一部修正を加えている）
働きやすい環境整備	家庭との両立支援（7）	家庭優先、選択できる働き方を用意、両立モデルの育成など	・子育て中の職員も多く（リターン組も含め）、子どもの病気や授業参観等を優先する。 ・働き方の多様化。正職であっても諸事情によりシフト制ではなく固定で勤務日や勤務時間を調整できるようにしている。
	休暇・休憩の確保（23）	産休育休、有給休暇などの休暇取得の奨励、連休、週休２日制、休暇日程希望制、休憩時間の確保など	・有給休暇付与開始日を勤務開始日とすることで、新生活に疲れた時期（いわゆる五月病）に休みを取れるような体制にしている。 ・有給休暇は100％取らせる。 ・休憩時間、場所の確保。
	残業削減（15）	会議時間の工夫、時間内に終わるような働きかけ、勤務時間内労務の推進、持ち帰り仕事の軽減など	・職員会議は夜7時までに終える。できるだけ時間内で業務を済むように工夫している。残業はしない。 ・残業や家へ持ち帰りの仕事はしない。 ・時間内に事務作業が取れるような体制作り。
	外部専門職の利用（5）	外部専門職との面談、紹介、研修など	・社労士による個別面談。 ・顧問労務士や民間共済会等、外部の相談窓口の紹介など。
	人員配置の工夫（7）	配置基準以上の職員配置、保育補助や事務職員の確保、法人内での移動、計画的な採用など	・行事などは仕方ないところもあるが、日頃の事務や保育準備についてなるべく勤務時間内に終えるようフリー職員を配置し、時間の使い方を工夫している。 ・職場での人間関係がうまくいかなかったときに法人内での移動希望を確認、また結婚や引越で勤務先が遠くなったときなども意志を確認して転勤という道があることを伝える。
	業務の見直しや明確化（17）	業務や行事の削減、業務内容の明確化、事務の簡素化、効率化など	・大きな行事を減らす。 ・勤務内容についての説明をわかりやすくする、マニュアル作成。 ・書類作成の軽減（同内容で重複しているものは廃止）。 ・スマートフォンによる書類システムを作成。

園内の良好な関係構築	声をかける、話を聞く（14）	声かけ、相談、会話、聞く、毎日会話など	・サインを早めに気づいて、こまめに声かけを行う。 ・職員とは毎日会話をすることを心がけています。保育、日常の出来事などから、顔の表情をみて、健康状態（疲れていないか）など困っていることやクラスでのことなどを話し退職などを含め気にかけて対応しています。
	ほめる・認める・責めない（10）	ほめる、失敗を責めない態度、感謝の気持ちなど	・いいところをみつけてほめるようにする。 ・「わからなくてあたりまえ」「失敗しても責めず、原因を考える」を主として伝えていく。
	コミュニケーションする風通しのよい環境作り（22）	意図的な雑談、声かけによって話しやすい雰囲気作り、常に意見交換、意見を言える雰囲気作り、円満な人間関係作りなど	・プライベートの話をふったり、テーブルに常にチョコやあめなどつまめるものを置いておやつを中心に業務終了後に 5 － 10 分程度雑談時間を意図的に作っている。 ・管理職員だけでなく、正規職員にかかわらず、職員同士が早期離職防止に向けて常に意識し心がけながらコミュニケーションを取ることを行っています。 ・会議など新任や経験の浅い職員も意見が言える雰囲気を全体で作っている。
	面談の場の設定（9）	個別面談、個別面談の工夫、グループ面談など	・働きやすい職場作りのためのグループ面談（階層別）。 ・年 2 回ヒアリングし、普段思ってることを聞いたり、希望や要望を聞き出すなど取り組んでいます。
	気軽に相談できる体制（9）	質問できるシステム、相談を受ける姿勢、定期的な会議、社内ＳＮＳ、園長との交換日誌など	・社内（園内）SNS を導入（2018 年 10 月より）、情報、意見の園内共有、園長と直接コンタクトを取りやすいシステム構築。 ・1 年目の職員は全員日誌を書き、それに対し、園長が、必ず返事を書くようにしている。日誌の内容を管理職で共有し、声をかけたり、業務内容に生かすようにしている。
	親睦行事（7）	親睦行事、親睦行事への金銭的な補助など	・職員同士のつながりがもてるよう、新任職員の歓迎会や忘年会などを開催しています。ゲームなどを取り入れ、クラスで一致団結をして答えを考えるなど楽しみながら行っており、小さな景品などもプレゼントとして用意しているので良い雰囲気になっています。

園内のサポート体制整備	園全体で支援（8）	先輩への働きかけ、園全体での新人教育など	・先輩保育士との指導方法の検討。 ・新人教育を園全体で取り組むよう努めています（クラスのみに任せるのではなく）。
	ミドルリーダーの活用（7）	主任を複数配置、副主任の配置、ミドルリーダーを中心に改善策を検討、ベテラン職員の役割分担など	・主任を幼児、乳児に1名ずつ配置し、保育士の相談を受けやすい体制にしている。 ・今年度より、副主任の役割を担ってくれる職員を置き、きめ細やかに全体の職員の様子に気くばりし園長・主任・副主任で相談するようにしています。
	先輩からのサポート（7）	メンター（チューター）制の導入、先輩からのフォローなど	・新入職員には、2年間、専属で年の近い職員とセットにし、わからないことや、普段聞けないことを話せるような機会をもうけるようにしている。 ・1年目、2年目の職員についてはベテラン職員が丁寧な指導（教育）の役割をもたせる。
	同期同士のサポート（4）	意図的に同期を作る、同期とのコミュニケーションの機会など	・新卒職員を採用するときは、同期をつくるため2名以上で採用する（同期同士の方が話しやすいため）。 ・1、2年目だけで会議の場を設定し、悩みなどを共有してもらう。
	クラス配属の工夫（10）	複数担任制、クラス配属の工夫（ベテランと、同期同士で、相性で、コミュニケーション力で、希望を聞いて、力量で）、担任の免除など	・新卒職員は、中堅保育教諭（丁寧に指導ができる者）と組んでクラス担任として配置している。また非常勤のベテラン保育士をクラスに配置して、安心して勤務にあたるような環境を整えている。 ・最近では同期でクラスを担当させると協力し合うことがわかり、なるべく保育教諭が不満をもつことなく働けるよう配慮しようと思っています。
モチベーション向上支援	やりがい作り（11）	得意な分野での活躍、個人計画策定、主体性の重視、先輩役割の付与、きっかけ作りなど	・個人のもっている、特技を生かすようにしている。 ・働き甲斐がある職場になるよう個人の計画をしっかりたてられるよう自己ファイルを使用し、資質向上に努めている。 ・1年下の後輩を気にかける体制を作っている。
	研修実施（8）	新人研修、フォローアップ研修、メンタルトレーニング、他園との交流など	・法人内の新人職員の6か月間のoff-JT・OJT研修。 ・保育に「やりがい」をみつけられるよう保育研修や公開保育などに参加し、その経験を園内で話し合い、モチベーションを上げていく努力をしています。 ・メンタルトレーニングの導入。
	処遇改善（6）	処遇改善、人事評価制度の導入、福利厚生の充実など	・給与などの処遇改善（2019年度から初任給20万円とするよう協議中）。 ・キャリア形成と適切な評価、指導のための人事考課（2019年度から）協議中。

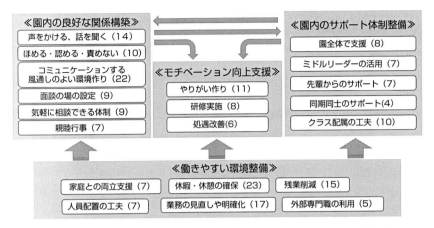

図 2-8　そのほかの早期離職防止のための取り組み（自由記述）の分析結果図

　分析の結果、保育施設の管理職は保育士の早期離職防止のために、≪働きやすい環境整備≫を基盤とし、≪園内の良好な関係構築≫≪園内のサポート体制整備≫≪モチベーション向上支援≫を行っていることが明らかになった。以下では、大カテゴリごとにその内容を説明する。

　基盤となる≪働きやすい環境整備≫として、特に回答が多かったのは＜休暇・休憩の確保＞で、有給休暇の取得を促したり、週休 2 日制を取り入れたり、休暇日の希望を聞くなどして積極的に取り組んでいた。しかし、休暇や休憩のみを増やせば持ち帰り仕事や残業が増えてしまう危険性がある。そこで＜人員配置の工夫＞や＜業務の見直しや明確化＞によって、一人一人の業務量を調整していた。たとえば＜業務の見直しや明確化＞では重複業務の廃止や、スマートフォンでの書類作成システムの利用が行われていた。

　次に多かったのは≪園内の良好な関係構築≫に関する回答であり、中でも＜コミュニケーションする風通しのよい環境作り＞が最も多く、＜声をかける、話を聞く＞＜ほめる・認める・責めない＞という姿勢で管理職が日々接することも風通しのよい環境につながっていた。＜コミュニケーションする風通しのよい環境作り＞の中には、意図的な雑談や誰でも意見を言える雰囲気作りなどの回答がみられ、積極的に声をかけるのみならず、声をかけられた若手職員が話しやすいような工夫を意識していた。そのほかには＜面談の場の設定＞で施設長との個別面談を設定したり、＜気軽に相談できる体制＞として施設長との交換日誌や社内SNSにより管理職と若手職員が直接やりとりできる仕組みを取り入れたりする工夫がなされていた。

　≪園内のサポート体制整備≫としては＜クラス配属の工夫＞が最も多く、中堅やベテランの職員がサポートできるように若手職員と同じクラスに配属する場合もあれば、同期同士でクラスをもたせることで協力を促す場合もあった。いずれにしても職員同士の関係性などをみながら、若手職員が不満をもつことなく安心して働けるような配属を意識していた。＜先輩からのサポート＞として、メンター制を導入しているという回答も一部にみられたが、＜園全体で支援＞や＜ミドルリーダーの活用＞というように、個別の職員が抱え込まないような体制がとられていた。

　≪モチベーション向上支援≫では、直接的な＜やりがい作り＞として、個人の特技を生かす、後輩育成に取り組んでもらう、個人のキャリアアップがみえるように自己ファイルを作成するなどの取り組みが挙げられていた。また、新人研修や公開保育への参加などの＜研修実施＞や、給与の改善や適切な評価につなげるための人事考課制度の導入といった＜処遇改善＞を実施することでモチベーションの向上につなげる取り組みもみられた。

2．考察

　保育施設では、早期離職防止に向けた取り組みとして、≪働きやすい環境整備≫を基盤に≪園内の良好な関係構築≫≪園内のサポート体制整備≫≪モチベーション向上支援≫を行っていた。≪働きやすい環境整備≫を除く3つの大カテゴリは、宮崎（2014）の①先輩保育士に対して「相談可能な雰囲気」、②先輩保育士に自らの置かれた状況や気持ちを受け止めてもらうこと、③主任・園長も含めたチームによる職場体制、④法人独自の「職務基準書」の4つに対応すると考えられ、保育士の困難を緩和し施設に定着させるための支援として共通する取り組みと考えられる。これらの取り組みの実態を以下に整理する。

　施設全体での離職防止に向けた取り組みとしては、「産休や育休取得の促進」「休暇取得の促進」に積極的に取り組んでいることが明らかになった。早期離職の理由の中で「結婚」や「妊娠・出産」が多く挙げられていることからも、「産休や育休取得の促進」の必要性を強く感じて実施していることがうかがえる。自由記述でも≪働きやすい環境整備≫として＜休暇・休憩の確保＞や＜家庭との両立支援＞に取り組んでいるとする回答がみられ、ワークライフバランスの取れた働き方ができるように＜業務の見直しや明確化＞＜人員配置の工夫＞も行われていた。

　逆に「外部コンサルティングの利用」「人事評価方法の明確化」はあまり取

り組まれていなかった。特に、「外部コンサルティングの利用」は半数近くの
施設が「全く実施していない」と答えた。自由記述でも一部に＜外部専門職の
利用＞や＜処遇改善＞についての回答がみられたが、これらに該当する回答は
少なかった。一般企業の場合には、人材育成や離職防止などのために外部のコ
ンサルティングを利用して助言を得る機会をもつ企業もあるが、保育施設の利
用はまだ少ないといえる。

　横山ら（2016）や松浦ら（2015）が提案しているような「新人教育担当者の
明確化」は、6割弱が実施していると回答しているが、他の項目と比較すると
平均値が低く、十分に行われているとはいえなかった。自由記述からも＜先輩
からのサポート＞という小カテゴリは挙がったが、具体的な内容としてメン
ター制を挙げているものは少なかった。一方で、≪園内のサポート体制整備≫
にあるように、特定の保育士のみが新人にかかわるのではなく、ミドルリーダー
や同期職員とのかかわりも意識していることが明らかになった。保育士の数が
少ない場合には教育担当者側の加重負担が懸念され（松浦ら2015）、その点を
補うためにも園全体での体制整備が重要であるといえる。

　次に、在職3年目までの正規保育士に対する施設長等の対応では、ほとんど
の施設で「積極的に声をかける」「配属クラスを工夫する」「失敗を責めない」
等が行われていることが明らかになった。特に「配属クラスを工夫する」につ
いては「十分実施している」が56.9％と半数以上の施設が強く意識していた。
保育施設では複数の保育士で担任することが多く、一緒に担任をする保育士が
実質的な教育者として機能することになる。またクラスの中での人間関係が保
育士に強く影響を与えることから、人間関係のトラブルを避けるためにも気を
配っていると考えられる。自由記述においても＜クラス配属の工夫＞として、
職員同士の関係性等をみながら、新入職員が不満をもつことなく安心して働け
るような配属を意識していた。また、「積極的に声をかける」「失敗を責めない」
は、自由記述の結果にも共通して表れており、施設長等が＜声をかける・話を
聞く＞＜ほめる・認める・責めない＞ことによって＜コミュニケーションする
風通しのよい環境作り＞を意識し、≪園内の良好な関係構築≫に取り組んでい
ることが明らかになった。

　逆に「勤務時間を削減する」「勤務を一部免除する（行事の担当を減らすなど）」
はあまり積極的に取り組まれていなかった。現在の保育施設は長時間保育が必
須かつ人手不足であり、在職年数の短い保育士にも即戦力として働いてもらわ
なければ日々保育ができない状況であると考えられる。そうした中で在職年数

の短い保育士のみ特別に勤務時間を削減したり、勤務の一部を免除したりすることは現実的ではないだろう。一方で、自由記述の分析からは＜業務の見直しや明確化＞＜残業削減＞などの取り組みが挙がっており、施設全体の取り組みの中でも「業務負担の軽減」を実施している施設が94.7％であった。つまり、在職3年目までの保育士に対して特別に行うのではなく、施設全体として保育士の働き方そのものを見直そうとする動きがあることが明らかになった。

V　離職率と離職防止対策の関連

1．データの概要

　以降の分析では、早期離職率と4年目以上離職率の算出に必要な回答に欠損値のない283施設（有効回答率41.2％）のデータを使用した。

　283施設のうち「保育所（園）」は47.3％、「認定こども園」は52.7％であった。運営形態は「私立」98.6％、「公設民営」1.4％、運営主体は「社会福祉法人」96.1％、「その他（学校法人、宗教法人など）」3.5％であった。開設時期は「1999年以前」が56.5％、「2000年以降」41.0％、民営化を「した」施設が20.8％、「していない」施設が79.2％、施設種別の変更を「した」施設が46.3％、「していない」施設が53.7％であった。保育士の正規職員率は全施設の平均が61.15（±17.11）％であったため、61.15％未満と以上で正規職員率低群と高群に分けたところ、正規職員率低群に該当する施設は54.8％、正規職員率高群に該当する施設は43.1％であった。

　在園児数の平均は125.6（±45.3）名、総職員数の平均は36.9（±12.4）名、保育士数の平均は24.1（±7.8）名、法人内の別施設数は3.4（±4.2）か所、短大・専門卒の初任給は179,321（±14,565）円、四大卒の初任給は186,940（±15,621）円であった。

2．結果
1）早期離職率の高低×4年目以上離職率の高低と基本属性の関連

　「施設種別（保育所/認定こども園）」「開設年（1999年以前/2000年以降）」「民営化（した/していない）」「施設種別の変更（した/していない）」「保育士の正規職員率（高群/低群）」の5項目と図2-1の4群との関連について、χ^2検定を行った（表2-10）。その結果、「保育士の正規職員率」のみ有意差がみられた（df=3, χ^2=12.54, p<.05）。

　調整済み残差をみると、「早期離職率低群 × 4 年目以上離職低群（A）」で「正規職員率高群」の頻度が有意に多く、「早期離職率高群 × 4 年目以上離職低群（C）」で「正規職員率低群」の頻度が有意に多かった。

表 2-10　早期離職率の高低 × 4 年目以上離職率の高低による 4 群と基本属性のクロス集計および χ^2 検定結果

			早期離職率低群		早期離職率高群		合計	χ^2
			4 年目以上低群（A）	4 年目以上高群（B）	4 年目以上低群（C）	4 年目以上高群（D）		
施設種別	保育所（園）	度数	48	41	30	15	134	n.s
		%	35.8%	30.6%	22.4%	11.2%	100.0%	
	認定こども園	度数	50	37	32	30	149	
		%	33.6%	24.8%	21.5%	20.1%	100.0%	
開設年	1999 年以前	度数	52	50	28	30	160	n.s
		%	32.5%	31.3%	17.5%	18.8%	100.0%	
	2000 年以降	度数	44	26	31	15	116	
		%	37.9%	22.4%	26.7%	12.9%	100.0%	
民営化	していない	度数	79	61	48	36	224	n.s
		%	35.3%	27.2%	21.4%	16.1%	100.0%	
	した	度数	19	17	14	9	59	
		%	32.2%	28.8%	23.7%	15.3%	100.0%	
施設種別の変更	していない	度数	53	46	34	19	152	n.s
		%	34.9%	30.3%	22.4%	12.5%	100.0%	
	した	度数	45	32	28	26	131	
		%	34.4%	24.4%	21.4%	19.8%	100.0%	
保育士の正規職員率	低群	度数	42	40	43	30	155	*
		%	27.1%	25.8%	27.7%	19.4%	100.0%	
		残差	-2.71	-0.83	2.41	1.78		
	高群	度数	52	37	19	14	122	
		%	42.6%	30.3%	15.6%	11.5%	100.0%	
		残差	2.71	0.83	-2.41	-1.78		

＊ p<.05、n.s：not signification
※網掛けは、調整済み残差によって頻度が有意に多かった項目

　施設の基本属性である「在園児数」「総職員数」「保育士数」「法人内の別施設数」「短大・専門卒の初任給」「四大卒の初任給」の 6 項目が、早期離職率の高低と 4 年目以上離職率の高低によって異なるかどうかを検討するため、6 つの基本属性を従属変数として早期離職率（高群／低群）× 4 年目以上離職率（高

群／低群）の２要因の分散分析を実施した。６つの基本属性の平均と標準偏差を表２-11に示す。

　分散分析の結果、「法人内の別施設数」について有意な交互作用がみられた（F（1,276）＝6.27,p<.05）。交互作用が有意であったことから、単純主効果の検定を行った。その結果、４年目以上離職率が低い群における早期離職率の単純主効果が有意であり（F（1,276）＝4.52, p<.05）、早期離職率が高い群（Ｃ）のほうが低い群（Ａ）に比べて「法人内の別施設数」が多かった。また、早期離職率高群における４年目以上離職率の単純主効果が有意であり（F（1,276）＝5.60, p<.05）、４年目以上離職率が低い群（Ｃ）のほうが高い群（Ｄ）に比べて「法人内の別施設数」が多かった。

表２-11　早期離職率の高低×４年目以上離職率の高低による基本属性の平均と標準偏差

	早期離職率低群				早期離職率高群				分散分析（F値）		
	４年目以上低群（A）		４年目以上高群（B）		４年目以上低群（C）		４年目以上高群（D）		主効果		交互作用
									早期	４年目以上	
	M	SD	M	SD	M	SD	M	SD			
在園児数（名）	132.17	4.57	125.21	5.12	118.44	5.75	121.89	6.75	2.31	0.10	0.86
総職員数（名）	38.32	1.43	35.02	1.62	36.25	1.86	37.57	2.03	0.02	0.32	1.74
保育士数（名）	25.29	0.79	23.39	0.88	23.24	0.99	24.09	1.17	0.49	0.30	2.02
法人内の別施設数（か所）	2.93	0.42	3.58	0.47	4.35	0.52	2.43	0.62	0.08	1.54	6.27*
短大・専門卒の初任給（円）	179,923	1,534	179,189	1,689	179,489	1,905	178,105	2,181	0.17	0.33	0.03
四大卒の初任給（円）	188,114	1,708	187,073	1,884	187,134	2,130	184,125	2,416	0.92	0.97	0.23

※「短大・専門卒の初任給」と「四大卒の初任給」の平均値（M）と標準偏差（SD）は小数点以下切り捨て
＊ p＜.05

2）早期離職率の高低×４年目以上離職率の高低と施設全体での離職防止対策の関連

　施設全体での離職防止対策（14項目）の取り組み度合いが、早期離職率の高低と４年目以上離職率の高低によって異なるかどうかを検討するため、14の離

職防止対策を従属変数として早期離職率（高群／低群）×4年目以上離職率（高群／低群）の2要因の分散分析を実施した。施設全体の離職防止対策の平均と標準偏差を表2-12に示す。

　分散分析の結果、「9新人教育担当者の明確化」について4年目以上離職率の主効果が有意であった（$F(1,274) = 3.89$, $p<.05$）。また、同項目で有意な交互作用がみられた（$F(1,274) = 4.33$, $p<.05$）ことから、単純主効果の検定を行った。その結果、4年目以上離職率が低い群における早期離職率の単純主効果が有意であり（$F(1,274) = 5.96$, $p<.05$）、早期離職率が低い群（A）のほうが高い群（C）に比べて「9新人教育担当者の明確化」の得点が高かった。また、早期離職率高群における4年目以上離職率の単純主効果が有意であり（$F(1,274) = 6.61$, $p<.05$）、4年目以上離職率が高い群（D）のほうが低い群（C）に比べて「9新人教育担当者の明確化」の得点が高かった。そのほかの項目については、統計的に有意な差はみられなかった。

表2-12　早期離職率の高低×4年目以上離職率の高低による施設全体の離職防止対策の平均と標準偏差

| | | 早期離職率低群 | | | | 早期離職率高群 | | | | 分散分析（F値） | | |
| | | 4年目以上低群（A） | | 4年目以上高群（B） | | 4年目以上低群（C） | | 4年目以上高群（D） | | 主効果 | | 交互作用 |
		M	SD	M	SD	M	SD	M	SD	早期	4年目以上	
1	保育理念の共通理解の促進	3.35	0.07	3.33	0.08	3.11	0.09	3.31	0.10	2.31	1.18	1.58
2	業務負担の軽減	3.28	0.05	3.23	0.06	3.23	0.07	3.29	0.08	0.01	0.01	0.60
3	休暇取得の促進	3.50	0.06	3.46	0.07	3.48	0.08	3.58	0.09	0.36	0.18	0.86
4	給与等の改善	3.30	0.06	3.44	0.07	3.36	0.08	3.47	0.09	0.33	2.57	0.06
5	産休や育休取得の促進	3.70	0.06	3.68	0.07	3.68	0.08	3.71	0.09	0.01	0.00	0.13
6	園内カンファレンスの実施	3.01	0.07	2.97	0.08	2.97	0.09	3.21	0.10	1.27	1.49	2.71
7	園内研修の実施	3.11	0.07	3.23	0.08	3.13	0.09	3.22	0.11	0.00	1.33	0.03
8	園外研修への参加促進	3.44	0.07	3.49	0.08	3.50	0.09	3.47	0.10	0.06	0.01	0.24
9	新人教育担当者の明確化	2.76	0.09	2.74	0.10	2.41	0.11	2.84	0.13	1.30	3.89*	4.33*
10	定期的な個別面談	3.10	0.09	2.97	0.10	2.85	0.11	3.00	0.13	1.12	0.01	1.69
11	人事評価方法の明確化	2.59	0.10	2.57	0.11	2.61	0.13	2.67	0.15	0.22	0.02	0.12
12	キャリアアップの仕組みの明示	3.04	0.08	2.96	0.10	2.97	0.12	3.00	0.12	0.03	0.05	0.30
13	外部コンサルティングの利用	1.90	0.10	1.85	0.11	1.93	0.13	1.88	0.15	0.09	0.17	0.00
14	相談窓口の設置	3.02	0.10	2.73	0.11	2.82	0.13	2.89	0.15	0.04	0.79	2.17

* $p < .05$

3）早期離職率の高低×4年目以上離職率の高低と在職3年目までの保育士への対応の関連

在職３年目までの保育士への対応（11項目）の取り組み度合いが、早期離職率の高低と４年目以上離職率の高低によって異なるかどうかを検討するため、11の対応を従属変数として早期離職率（高群／低群）×４年目以上離職率（高群／低群）の２要因の分散分析を実施した。在職３年目までの保育士への対応の平均と標準偏差を表２-13に示す。

分散分析の結果、「５意見を尊重する」で、有意な交互作用はみられなかったが、４年目以上離職率の主効果が有意であった（F（1,278）=4.49, p<.05）。４年目以上離職率が低い群の平均値は3.33（±0.05）、４年目以上離職率が高い群の平均値は3.18（±0.05）で４年目以上離職率低群のほうが高群に比べて「５意見を尊重する」得点が高かった。そのほかの項目については、統計的に有意な差はみられなかった。

表2-13　早期離職率の高低×４年目以上離職率の高低による在職３年目までの保育士への対応の平均と標準偏差

| | | 早期離職率低群 | | | | 早期離職率高群 | | | | 分散分析（F値） | | |
| | | 4年目以上低群(A) | | 4年目以上高群(B) | | 4年目以上低群(C) | | 4年目以上高群(D) | | 主効果 | | 交互作用 |
		M	SD	M	SD	M	SD	M	SD	早期	4年目以上	
1	積極的に声をかける	3.54	0.06	3.56	0.06	3.57	0.07	3.47	0.08	0.27	0.31	0.80
2	プライベートの話をする	2.94	0.08	2.90	0.08	2.87	0.10	2.87	0.11	0.31	0.05	0.05
3	個別面談を実施する	3.24	0.08	3.12	0.09	3.21	0.10	3.09	0.12	0.09	1.69	0.00
4	思いを受容したり、共感したりする	3.43	0.06	3.27	0.07	3.32	0.07	3.22	0.09	1.30	3.09	0.19
5	意見を尊重する	3.41	0.06	3.17	0.06	3.25	0.07	3.20	0.08	0.90	4.49*	2.08
6	丁寧に説明する	3.48	0.06	3.38	0.07	3.38	0.08	3.29	0.09	1.47	1.49	0.01
7	先輩保育士との関係をつなぐ	3.26	0.06	3.21	0.07	3.07	0.08	3.22	0.09	1.24	0.48	1.68
8	失敗を責めない	3.53	0.06	3.34	0.07	3.36	0.08	3.44	0.09	0.20	0.49	3.28
9	勤務時間を削減する	2.71	0.09	2.79	0.11	2.73	0.12	2.91	0.09	0.37	1.25	0.18
10	勤務を一部免除する（行事の担当を減らすなど）	2.64	0.09	2.83	0.10	2.85	0.11	2.93	0.13	1.98	1.48	0.24
11	配属クラスを工夫する	3.56	0.06	3.57	0.07	3.48	0.08	3.47	0.09	1.59	0.00	0.03

＊ p＜.05

3．考察

　以下では、上記の分析結果より、早期離職率および4年目以上離職率の高低と、施設状況や施設内で実施されている早期離職防止策との関連を検討することを通して、全職員を視野に入れた早期離職防止のあり方について考察する。

1）基本属性との関連

　基本属性の中で早期離職率や4年目以上離職率と有意な関連がみられたのは「保育士の正規職員率」と「法人内の別施設数」であった。

　保育士の正規職員率が高い施設が多かったのは、早期離職率と4年目以上離職率がともに低いA群で、正規職員率が低い施設が多かったのは早期離職率のみが高いC群であった。非正規率が2割を超える園での正規職員の「切迫・疲労感」は、非正規率2割未満の園の職員よりも高いという報告（神谷ら2011）や、6割以上の非正規保育者が保育計画の作成や会議に関わっていないとする報告（義基2015）がある。これらのことから、正規職員率が低い施設においては、一部の正規職員に保育計画の作成や会議などの業務負担が集中し、疲労感も高まりやすいと考えられる。本調査では早期離職率のみが高いC群に正規職員率が低い施設が多かったことから、業務負担が少数の正規保育士に集中すると、在職3年目までの保育士がそれに耐え切れず、離職につながっていると推察される。逆に、正規職員率が高いと正規雇用の保育士にかかる負担や責任が分散し、個々の保育士の負担が少なくなるため、早期離職者も4年目以上の離職者も少なかったと考えられる。ただし、正規職員と離職との関係については、離職者がある園はない園よりも正規職員数が多いとするもの（加藤・安藤2021）や離職意向とは関連が見られなかったもの（庭野2020）などもあり、結果にばらつきがみられるため、引き続き検討する必要がある。

　「法人内の別施設数」では有意な交互作用がみられ、同一法人内に児童福祉施設をより多く有していることが単純に早期離職と4年目以上離職の両方を低減するとはいえなかった。施設規模に応じて人材育成や組織マネジメントにおける重要点は変化し、1法人5施設以上になると理事長の資質と各施設長の育成に加えてマネジメントの仕組みやシステム化が重要であるという指摘もある（大嶽2017）。早期離職率のみが高いC群では、法人内の別施設数が4.35（±0.52）か所となっていることから、1法人5施設程度になる中で、法人内のマネジメントの仕組みやシステム化が十分できていないことが考えられ、早期離職が増加している可能性がある。

　一方、早期離職率が高いC群とD群を比べると、4年目以上離職率が低いC

群のほうが法人内の別施設数が多かった。このことから、同一法人内の施設が多いことで得られるメリットが、４年目以上離職者の低減に寄与している可能性がある。20代30代保育士の「退職者」と「継続者」の比較調査（神戸ら2016）では、結婚しても場所が離れることなく通勤が便利なら続けられることがあると報告されている。また、中堅保育士は責任の不明瞭さや板挟みといった職場でのストレスを感じていることが指摘されている（白石2019）。以上の中堅保育士の状況をふまえると、結婚など自身の生活が変化する機会があったり、所属施設でストレスがあっても同一法人内の他施設へ異動できたり、他施設の職員からサポートを得られたりすることなど、法人内に複数の施設があることで得られるメリットによって４年目以上の保育士の離職防止につながる可能性がある。

　本調査では、そのほかの基本属性には関連がみられなかった。先行研究では、保育所のほうが幼稚園に比べて早期離職者が多いという報告（加藤・鈴木2011）があるが、今回対象となった認定こども園の多くは保育所からの種別変更とみられるため差がみられなかったと考える。また、規模の大きな園のほうが、新任保育者へのサポートをより行っているという報告（須永2018）もあるが、「在園児数」「総職員数」「保育士数」といった施設規模にかかわる基本属性と早期離職率等との関連はみられなかった。これは、施設規模そのものが早期離職に関連するのではなく、実際のサポートなど取り組みの内容や実施度合いといった面が関連していると考えられる。さらに、本調査では初任給と早期離職率等の関連もみられなかった。多くの保育士は初任給を把握したうえで入職しているため、初任給の高低のみで離職することはないと考える。しかし、給与が保育士の離職意向と関連するという指摘はあり（庭野2020）、昇給も含めた給与の改善は課題である。

２）施設全体での離職防止対策との関連

　施設全体での離職防止対策（14項目）では、「９新人教育担当者の明確化」のみ有意な交互作用がみられ、C群に比べて全体に離職率が低いA群と全体に離職率が高いD群で新人教育担当者の明確化が高いという一見矛盾する結果であった。これについては、以下の可能性が考えられる。

　４年目以上の離職が少ない施設（A群とC群）では、４年目以上の保育士が潤沢にいるため、誰が新人教育を担当するか明確にするほうが安定的に新人教育を実施でき、早期離職率が低くなるという好循環が起きている可能性がある。一方で、早期離職率が高い施設（C群とD群）では、早期離職を防止するため

に新人教育担当者を明確にすることがむしろ4年目以上の保育士の負担増大につながり、4年目以上の離職者を増やしてしまう悪循環となっている可能性がある。中堅保育士はもともと職場での板挟みといったストレスを感じやすく（白石2019）、新人教育担当者として役割が付与されることで、新人とベテランの板挟み状態に陥れば、ストレスがより高まる。特に、保育士数が少ない施設では新人教育担当者の負担が過重になる可能性が高い（松浦ら2015）。早期離職を防止するために、新人教育担当者の明確化を行うのは一定効果があるが、4年目以上離職者が多い施設においては、同時に教育担当者を支える組織的な体制が必要だといえる。

　他の対策はいずれも早期離職率等との関連がみられなかった。増渕・横山（2019）が有効とする休憩時間の確保は本調査項目には入れていなかったため不明だが、前項で述べたように、休暇取得の促進や産休や育休取得の促進などは多くの施設が実施しているため、早期離職率等には差がみられなかったと考えられる。キャリアアップの仕組みや人事評価方法の明確化などは近年実施されはじめたところであり、まだ効果が表れていない可能性もある。越智ら（2018）や山崎（2020）は、保育施設にキャリアパスや人事評価制度を導入する過程を調査し、全職員でそれらの検討作業を行ったことで組織が活性化したという報告を行っていることから、制度の実施の有無のみならず、制度を取り入れる過程も検討する必要があるだろう。同様に、園内カンファレンス等も、いつどのように行うのかという取り入れ方や内容によってプラスにもマイナスにも働くため、差がみられなかったと考えられる。

3）在職3年目までの保育士への対応との関連
　在職3年目までの保育士への対応（11項目）については、「5意見を尊重する」で4年目以上離職率の主効果に有意差がみられ、4年目以上離職率の低群（A・C）のほうが高群（B・D）よりも得点が高かった。これは、在職3年目までの保育士に対する対応についての回答であるが、早期離職率ではなく、4年目以上離職率と関係がみられたことが特徴的である。保育所の適切な組織形態として「ピラミッド型ではなくフラットな鍋蓋型組織」（新保2019）が挙げられており、下からの意見を吸い上げ反映させる対話の姿勢がトップに必要だという指摘がある。管理職が在職3年目までの保育士の意見を尊重する態度を示すことで、施設全体に意見を言いやすい風土が生まれ、在職期間の長い保育士も働きやすさを実感している可能性がある。若手保育者の離職がない園はある園に比べて「職員同士の関係作り」を多く行っていたという指摘があるように（加

藤・安藤2021）、管理職の意見を尊重する姿勢が職員同士のコミュニケーションや関係作りにも影響する可能性があり、こうした点についてさらなる研究が必要である。

　一方、そのほかの項目では有意な差はみられなかった。多くの施設で管理職は在職期間が短い保育士に対して「積極的に声をかける」「配属クラスを工夫する」などの対応を積極的に行っており、統計的に有意な差にならなかったと考える。また、第1章で述べたように保育士が早期離職に至るには様々な原因があり、それらが複雑に影響し合っていることが指摘されており、複数の対応による複合的な効果なども検討する必要がある。

Ⅵ　質問紙調査からみえた早期離職防止に向けた方向性

　本章では、大阪府内の社会福祉法人を中心とした私立保育施設の施設長等を対象に行った質問紙調査の結果から、保育士の早期離職や早期離職防止のための取り組みの実態を明らかにし、離職率等に関連する要因や取り組みの検討を行った。その結果、以下の5点が明らかになった。

　第1に、保育施設の特徴として1施設内の職員数が少なく、正規職員の数も少ないため、少数の正規職員に責任や負担が集中する可能性があることが挙げられる。一般企業等とは異なる保育施設の実態に合わせた早期離職防止策を検討する必要があるといえる。また、初任給も一般新卒者の平均と比べて低いことから、引き続き給与や雇用の仕方等の処遇改善が求められる。

　第2に、過去3年間に早期離職者がいた施設は8割以上と、ほとんどの施設が早期離職を経験していることが明らかになった。早期離職者数は年々微増傾向にあることや、中には単年度に5名以上の早期離職者がいる施設もあることから、今後それらの背景についてさらに調査を進める必要がある。早期離職者の離職理由としては、他の保育・幼児教育施設への転職が最も多く、これは本調査の早期離職者の定義を「卒業後3年」ではなく「在職後3年」としたことが関係している可能性がある。また、保育施設の新設急増や有効求人倍率の上昇などから、気軽に転職しやすい状況にあるとも考えられる。

　第3に、早期離職防止に向けて、施設長等は≪働きやすい環境整備≫を基盤に≪園内の良好な関係構築≫≪園内のサポート体制整備≫≪モチベーション向上支援≫を行っていることが明らかになった。中でも施設全体に対して育休・産休を含めた休暇取得の促進を行っている施設が多く、働きやすい環境の整備

に努めていた。一方で外部コンサルティングの利用や新人教育担当者の明確化などはあまり取り組まれておらず、園内でのサポート体制整備のほうが意識されていた。在職3年目までの保育士に対しての施設長等の対応としては、積極的に声をかけ、失敗を責めないことによる良好な関係構築と、人間関係を考慮したクラス配属を意識して行っていた。一方で、勤務時間の削減や勤務の一部免除などは十分に行われておらず、保育士不足が深刻化する中で勤務そのものの免除などは難しい現状であることが示唆された。むしろ、施設全体として業務の見直しや業務負担の軽減、残業削減などの取り組みがなされており、在職期間の短い保育士のみならず保育士全体の働き方を見直そうとする動きがあることが明らかになった。

　第4に、在職4年目以上の保育士が定着しているときには、メンター制など新人教育担当者を明確に決めることが早期離職率の低減に寄与する可能性がある。しかし、早期離職率が高い施設でこれを行うことは、むしろ4年目以上の離職者を増やしてしまう危険性が示唆された。また、管理職の在職3年目までの保育士の意見を尊重する態度と、在職4年目以上の離職率の低さに関連がみられ、管理職が若手の意見を尊重する態度をみせることが4年目以上の保育士の働きやすさにかかわっている可能性がある。これらのことから、保育の質の向上も目指した早期離職防止を行うならば、単純に若手保育士への対応のみを強化するのではなく、4年目以上の保育士の負担等もふまえ、園全体での支援体制や意見を尊重する職場風土を整える必要があるといえる。

　第5に、保育士の正規職員率と同一法人内の別施設数で早期離職率等との関連がみられた。特に早期離職率と4年目以上離職率がともに低い施設で保育士の正規職員率が高い施設が多かったため、非正規雇用を増やして保育士不足を埋めるのではなく、一定以上の正規雇用率が確保できるように意識することは、さらなる保育士の離職を防ぐためにも重要である。また、法人内に複数の施設がある場合には、4年目以上の保育士にとっては他施設への異動や法人内のサポートが得られやすいメリットにつながるが、法人内のマネジメントの仕組みが十分ではないと早期離職が増加する可能性があった。そのため、施設内のみならず法人内でのマネジメント体制を整備する必要があると考える。

　最後に本調査の課題として、調査対象の多くが大阪府内の私立保育施設であり、本調査結果は全国の保育施設を代表する結果や一般化できるものとしては解釈しにくい点がある。また、横断調査であるために、因果関係についても推測の域を出ない。今後は、対象施設や対象者の拡充、縦断調査が求められる。

また、今回１つ１つの取り組みでは離職防止の効果が明確にはみられなかった。そのため、次章では離職者の少ない園の特徴を質的調査によってより体系的に明らかにすることとする。

第3章
早期離職を防ぐ園内体制モデルの検討

I　インタビュー調査の概要

1．目的

　第2章では早期離職防止策のうちいくつかが保育士の早期離職や4年目以上離職の低減に寄与している可能性が明らかになった。しかし、多くの項目で関連がみられず、早期離職に至るには様々な原因が複雑に影響し合っている可能性があることもふまえると、個別の対策ではなく、複数の対策による複合的な効果なども検討する必要がある。

　たとえば、特定の保育士が新人教育を担当するプリセプター制の導入も提案されているが、職員数が少ない施設では教育担当者の負担が過重になるという課題も指摘されている（松浦ら2015）。プリセプター制の導入が進む看護現場では、直接指導者のみならず、部署スタッフ全員が新人を見守り、幾重ものサポート体制を構築することが望ましいとされており（厚生労働省2014）、プリセプター制導入には合わせて組織の体制作りが必要といえる。また、若手保育者の離職がない園は「職員同士の関係作り」が多くなされていたという報告もあることから（加藤・安藤2021）、組織全体の体制に目を向ける必要があると考える。

　保育所等の職場環境や組織作りに関する研究では以下のような指摘がある。高尾（2017a）は、インクルーシブな職場風土醸成及び保育者育成の要素について保育園長に調査を行い、「組織の目標の視える化」「階層を超えたコミュニケーションの活性化」「風通しのよい職場風土作り」等が必要であるとしている。それに対して保育者への調査（高尾2017b）では、職員間のコミュニケーションのための場が十分に設定されていないなどの課題が示されている。新保（2019）は働き続けやすい保育施設の職場環境と組織作りには、施設全体で関心をもち新人を育てる組織文化の醸成が有効であり、職員を支援し導くスタイルのリーダーシップが園長等に求められるとしている。保育におけるリーダーシップは近年注目されており（秋田ら2016）、たとえばSiraj&Hallet（=2017）は、保育における効果的なリーダーシップを分散型リーダーシップとしている。日本においては、たとえば上田（2014）が園内研修における園長のリーダーシッ

プを調査し、園内研修の場に限らず、日頃から頻繁に話し合いの機会をもつことも職員の協働的な人間関係にとって必要であり、職員にそれを促す園長のリーダーシップが重要と述べている。

　また、ここまで述べてきたように、早期離職の防止に関しては、管理職と新人保育者の間に認識の齟齬が生じている可能性や中堅の負担感もふまえて検討する必要があり、それぞれの立場による認識の違いにも着目するべきである。そこで本章では、早期離職者の少ない保育所等の管理職と新人保育士、また新人の教育を担当する中堅保育士の３つの立場の者にインタビュー調査を行い、それぞれの立場の認識をふまえた早期離職を防ぐ園内体制とはどのようなものかを明らかにすることとする。

　なお、本章では「新人保育士」（以下，新人とする）は在職３年以内の保育士、「中堅保育士」（以下、中堅とする）は新人保育士の教育や支援を担当する立場の保育士、「管理職」は施設長等の組織マネジメントを行う立場にある者とする。

２．調査手続き

　第２章の質問紙調査に回答があった施設のうち、インタビュー調査協力に「可」と回答し、かつ過去３年の早期離職率が低い施設を３か所抽出し、インタビューへの協力を依頼した。施設の抽出は、①質問紙の回答に欠損値が多い施設を除外、②質問紙回答前の過去３年に離職者が０名である施設を除外、③過去３年の早期離職率が低い順に３カ所とした。②を条件とした理由は、過去３年に離職者が０名である場合、その間に新規採用がなく新人がいない可能性があるためである。質問紙にて新規採用者数を尋ねていなかったため、これにより対象者がいない可能性がある施設を除外した。抽出した３か所いずれにも同意が得られたため、この３園（表３−１）を対象に2020年３月にインタビュー調査を実施した。

３．データ収集方法

　施設ごとにＡ：管理職、Ｂ：新人、Ｃ：中堅の３つに分かれ、グループごとに半構造化インタビューを実施した。グループごととしたのは、似た立場の複数の対象者同士で同テーマを語ることで、対象者間の力動的なやりとりから自然体に近い形で醸し出された情報を把握できること、またその中で個人のものの見方をグループダイナミクスによって引き出すことができる（安梅2010）からである。

　調査対象者は、施設長に本研究の趣旨と「Ａ：管理職」「Ｂ：新人」「Ｃ：中堅」の定義を説明したうえで該当する者の選出を依頼した。なお、園によって新人教育を担当する保育者の立場が異なる可能性があるため「中堅」の経験年数や役職は指定していない。その結果、対象者は表3-1の通り、計9グループ23名となった。

　主な質問項目は、①離職の状況と②早期離職を防止するための園内体制とし、「Ａ：管理職」には「在職期間の短い保育者に対する取り組み」、「Ｂ：新人」には「管理職のかかわりに対する認識」、「Ｃ：中堅」には「管理職の取り組みに対する認識」のようにグループごとに異なる視点で質問を行った。インタビューの時間はグループごとに30分〜1時間程度とし、最短で27分、最長で62分となった。インタビュー時には、同意を得てICレコーダーで録音し、逐語録を作成した。逐語録は全部で132,357字となった。また、インタビュー時のやりとりから醸し出された情報はインタビューメモに残し、分析時の参考にした。

表3-1　インタビュー対象施設と対象者の概要

		X園	Y園	Z園
園の概要	施設種別	保育所	保育所型認定こども園	幼保連携型認定こども園
	定員、職員総数	160名、45名	110名、38名	174名、42名
	2019年度末における正規保育者の離職数（うち早期離職数）	1名（0名）	1名（1名）	3名（1名）
A：施設長や主任等の管理職（保育経験年数、園長のみ園長歴）		園長（25年、6年）主任（16年）主任（14年）	園長（0年、19年）副園長（35年）	園長（24年、11年）主任（25年）主任（25年）
B：新人保育者（保育経験年数）		担任（1年）1名担任（3年）1名	担任（3年）1名担任（2年）1名	担任（2年）2名担任（1年）1名
C：中堅保育者（保育経験年数）		担任（16年）1名担任（16年）1名	主任（24年）1名副主任兼担任（17年）2名	担任（9年）1名担任（10年）1名担任（11年）1名

4．データ分析方法

　得られたデータは、事例―コード・マトリックスによる質的データ分析法（佐藤2008）を用いて分析した。事例―コード・マトリックスは、事例を縦軸、コードを横軸において表にすることで、それぞれの事例の個別性や具体性を十分に配慮しつつ、事例の特殊性を超えた一般的なパターンや規則性を見出していくことができるものである。本研究では、園ごとの体制や管理職・新人・中堅という役割による違いといった個別性や具体性に配慮しながらも、早期離職を防

ぐ園内体制としての規則性を見出すために、この方法を用いた。

　具体的な手順は以下の通りである。①X園のAグループの逐語録を読み込み、意味のまとまりごとにその内容がわかるよう要約をつけた。②それらの要約に1次コードをつけ、類似性のあるコード同士を集めて2次コードをつけた。③X園のB、Cグループのデータも①と②の手順で2次コードまでつけた。④3グループの2次コードを横軸に並べ、縦軸を「管理職」「新人」「中堅」としたうえで、データの要約と1次コードを表の該当箇所に配置し、事例—コード・マトリックスを作成した。このとき、縦と横のコード同士を見比べ、類似性や関係性をもとにカテゴリとサブカテゴリを生成した。Y園とZ園のデータも①〜③までは同様の手順で行った。ただし、2次コードをつける際には④で得られたカテゴリとサブカテゴリを参照しながら行った。

　次に、X園の分析の④で作成した事例—コード・マトリックスの中に、Y園とZ園の要約と1次コードを該当箇所に配置し、カテゴリやサブカテゴリの精査を行った。このとき、園ごとにデータを分類するのではなく、管理職・新人・中堅ごとに類似性のある1次コードを集め、それらに統合2次コードをつけた。この分析過程で、早期離職の防止体制を揺るがす要因が見出されたため、管理職・新人・中堅ごとに作成した統合2次コードをもとに、安定型／不安定型をさらに縦軸に加え、統合3次コードを生成した。

5．倫理的配慮

　調査対象者には、調査の主体、主旨、具体的な方法、プライバシーの保護、データの取り扱いなどについて口頭と文章で説明を行い、合意が得られた場合にのみ同意書に署名を得てから調査を行った。また、今回の研究で得たデータは研究室の鍵のかかる棚にて保管した。これら一連の調査については、大阪府立大学大学院人間社会システム科学研究科倫理委員会で承諾を得ている（2020年3月31日）。

Ⅱ　早期離職防止のための園内体制の構造

　ここでは、上記の方法によって得られた結果を以下の順に整理しながら考察する。第1に、生成されたカテゴリ・サブカテゴリから早期離職を防止する園内体制の全体構造を説明する。第2に、統合3次コードを用いて安定型と不安定型の構造をそれぞれ整理し、早期離職を安定して防ぐための園内体制につい

て考察する。第3に、管理職・新人・中堅の認識を示した統合2次コードを用いながら、3者の認識をふまえた園内体制を検討する。

1．早期離職防止のための園内体制の全体構造

　分析の結果、3つのカテゴリ（以下、【　】で示す）と11のサブカテゴリ（以下、＜　＞で示す）が生成された。これらの関係を図示したものが図3－1、一覧にしたものが表3－2である。なお、分析時には縦軸を安定・不安定もしくは管理職・中堅・新人としていたが、表3－2では紙面の都合で縦横を逆にしている。

　図3－1にあるように、【園全体の職場風土】を土台としつつ、その上に相互作用する形で【新人教育体制】が位置づき、それらが【離職に関する認識】に影響を与えていた。また、【離職に関する認識】も【園全体の職場風土】と【新人教育体制】の両方に影響を与えており、これによって保育者定着の好循環や、離職増加の悪循環が起きていると考えられた。

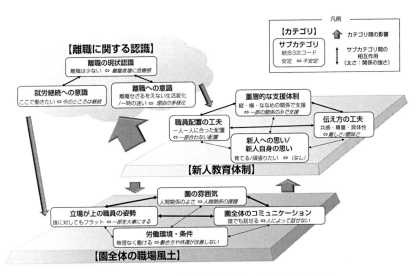

図3-1　保育士の早期離職を防止する園内体制の構造

表3-2　事例―コード・マトリックス（統合2次コード以上）

カテゴリ【 】	サブカテゴリ< >	統合3次コード『 』 安定	不安定	統合2次コード[ ] 管理職	新人	中堅
離職に関する認識	離職の現状認識	離職は少ない	離職増に危機感	離職・早期離職は少ない	—	離職者は多くない
				中堅の複数離職による危機感	管理職の危機感を感じる	—
	就労継続への意識	ここで働きたい	今のところは継続	形を変えてでもここで働く職員の存在	ここで働き続けたい	離職の意思はない
				ここで働きたいと思える職場を目指す	今のところは継続予定	—
	離職への意識	離職せざるをえない生活変化／一時の迷い	理由の多様化	離職せざるをえない生活変化	離職への一時的な迷い	離職せざるをえない生活変化
				離職理由の多様化・変化	今後の離職は選択肢にある	家庭との両立が難しくなれば離職も視野
園全体の職場風土	労働環境・条件	無理なく働ける	働き方や待遇が改善しない	会議や書類業務の工夫	働きやすさの実感	家庭との両立のしやすさ
				一人一人の希望の尊重	ところどころの大変さ	意欲の尊重と業務増との葛藤
				残業削減・休憩の推奨	給与への不安	給与への不満
				なかなか変化しない	休憩の課題	家庭との両立の難しさ
	立場が上の職員の姿勢	誰に対してもフラット	一部を大事にする	気さくな園長・ベテラン	気さくで優しい	以前は上下関係もある厳しい雰囲気
				職員一人一人を大事にする	居場所を作ってくれる	上下の壁が低い対等な関係へ
				新人を大事にする	職員を大事にしてくれる	管理職への信頼と不信
	園全体のコミュニケーション	誰でも話せる	人によって話せない	誰でも互いに話せる関係性	垣根を超えて誰もが話しやすい	クラスや立場を超えたコミュニケーション
				垣根を超えたコミュニケーションの工夫	—	—
				世代や互いの遠慮を超えられない	人によって話しにくい	クラスごとに異なるコミュニケーション
	園の雰囲気	人間関係のよさ	人間関係の課題	全体としての人間関係のよさ	人間関係のよさ	人間関係のよさ
				育んできた園文化	保育や保護者支援のゆとり	のんびりとした雰囲気
				生き生きした職員	陰口はある	—

新人教育体制	新人への思い／新人自身の思い	育てる／頑張りたい	(該当なし)	新人への共感と育てる姿勢	やってみたい、頑張りたい	新人への共感
				—	保育士としての責任と楽しさ	新人へのエールと心配
	職員配置の工夫	一人一人に合った配置	一部合わない配置	一人一人の素質に合わせた配置	尊敬する保育士とのクラス担任	役職者の役割分担と連携
				—	*同クラスの保育士との関係への悩み*	*教育担当としての悩みや負担*
				クラス配属の試行錯誤	*新人の意見を考慮したクラス配属*	*クラス配属方法への疑問*
	伝え方の工夫	共感・尊重・具体性	難しさ／曖昧さ	自分の目で見たことから伝える	具体的な助言やサポートがある	話しやすい雰囲気と関係を作る
				新人への共感からはじめる	尊重感のある指示と感じる	新人と一緒に考える
				具体的にフィードバックする	*曖昧でわかりにくい指示や反応に困る*	*状況や新人の個性に合わせた伝え方の試行錯誤*
	重層的な支援体制	縦・横・ななめの関係で支援	一部の関係のみで支援	自ら新人の声を聴く	管理職にも相談できる	横のつながりで支え合う
				中堅に声かけを依頼する	他の職員の自然なサポートがある	ななめの関係でも支え合う
				横やななめの関係を作る	新人同士のつながりがある	—
				中堅のサポートをする	—	—

※統合2次コードの斜体は不安定さにつながるコード、網掛けは3園に共通してみられたコードである

　次にサブカテゴリ間の関係から構造の内実をみていく。【離職に関する認識】には、＜就労継続への意識＞と＜離職への意識＞があり、それが園全体の＜離職の現状認識＞に影響していた。また、＜離職の現状認識＞が保育者の＜就労継続への意識＞や＜離職への意識＞に影響することもあった。【園全体の職場風土】は、＜労働環境・条件＞を基盤にしながら、＜立場が上の職員の姿勢＞と＜園全体のコミュニケーション＞とが互いに影響を与え合い、＜園の雰囲気＞へとつながっていく。逆に＜園の雰囲気＞自体も他のサブカテゴリに影響を与えており、4つのサブカテゴリの交互作用の結果として【園全体の職場風土】が醸成されている。【新人教育体制】にも4つのサブカテゴリが含まれ、＜新人への思い／新人自身の思い＞をもちながら、＜職員配置の工夫＞や＜伝え方の工夫＞といった個別の工夫が実施され、これらを＜重層的な支援体制＞が支えていた。またこれらの工夫や体制が＜新人への思い／新人自身の思い＞につながっていた。

　このことから、保育士の早期離職防止には新人教育体制のみならず、その土台として園全体の職場風土が重要であるといえる。また、カテゴリやサブカテゴリの交互作用から、保育士の早期離職を検討する際には、複数の要因の関係性を捉える必要があると考える。

２．早期離職防止体制の安定型と不安定型の構造

　次に、統合３次コード（以下、『　』で示す）をもとに、安定型と不安定型の構造をそれぞれ整理し、早期離職を安定して防いでいくための園内体制を考察する。

　まず、早期離職防止が安定し『離職は少ない』状態は、『離職せざるをえない生活変化／一時の迷い』として離職への意識はありながら、『ここで働きたい』という自園での積極的な継続意思がある状態といえる。この状態を作り出す【園全体の職場風土】は、一人一人の生活スタイルに合わせて『無理なく働ける』労働環境や条件が基盤にあり、立場が上の職員が『誰に対してもフラット』に接し、職員同士が『誰でも話せる』状態となることで『人間関係のよさ』を感じられる園の雰囲気となっていた。【新人教育体制】は『育てる／頑張りたい』という新人への思いや新人自身の思いを基盤としながら、クラス担任の配置や新人教育担当者が『一人一人に合った配置』となり、新人には『共感・尊重・具体性』のある伝え方が意識され、加えて『縦・横・ななめの関係で支援』するという重層的な支援体制となっていた。

　一方、早期離職防止が不安定で『離職増に危機感』がある状態は、『今のところは継続』という消極的な継続意思と結婚・出産や転職・留学といった進路変更による離職など『理由の多様化』による離職意識の広がりがある状態といえる。この状態を作り出す【園全体の職場風土】は、管理職が労働環境の改善のための呼びかけや工夫をしても『働き方や待遇が改善しない』中で、立場が上の職員が『一部を大事にする』姿勢をみせることで、職員同士が『人によって話せない』状態となり、『人間関係の課題』を感じる園の雰囲気となる状態であった。この状態と連動して、【新人教育体制】では、『一部合わない配置』や伝え方の『難しさ／曖昧さ』により職員間に軋轢が生じ、さらに『一部の関係のみで支援』をする体制によって軋轢の解消が困難となっていくと考えられた。

　本研究では早期離職の少ない園を対象としたが、その中でも早期離職増につながる危険性があり、早期離職防止の体制を揺るがす要素が不安定型の要素と

して見出された。しかし、対象園の中で不安定型の『離職増に危機感』の状態
であったのは１園であり、２園は『働き方や待遇が改善しない』や『一部合わ
ない配置』などの不安定型の要素が一部にあるものの、『離職は少ない』とい
う安定型の認識であった。これは不安定型の要素をカバーするだけの安定型の
要素があったことによると考えられる。特に３園に共通して『一部合わない配
置』という不安定型の要素がみられたものの、どの園も『縦・横・ななめの関
係で支援』することができ、不安定型の要素を安定型の要素でカバーしている
状態がみられた。また、１つのサブカテゴリ内に安定型と不安定型の両方の語
りがみられる場合もあるが、安定型の要素が多ければ早期離職にはつながりに
くいと考えられる。たとえば、＜労働環境・条件＞ではすべての園で『無理な
く働ける』と『働き方や待遇が改善しない』の両方の語りがみられ、給与や休
憩等に対する不満があっても休暇の取りやすさや残業の少なさなどがあること
で全体としては『無理なく働ける』状況であると感じていた。これらのことか
ら、一部不安定型の要素があったとしても、それを補うことができる安定型の
要素を備えることで、早期離職を防ぐ園内体制になるといえるだろう。

３．管理職・新人・中堅の３者から見る園内体制

　ここでは、管理職・新人・中堅の認識を示した統合２次コード（以下、［　］
で示す）を用い、３者の認識をふまえた園内体制を検討する。特に、【園全体の
職場風土】と【新人教育体制】の中で３園に共通してみられたコード（表3-2
の網掛け箇所）から早期離職が少ない園の共通点を探る。なお、語りの要約を
引用する場合には“　”で示す。

１）【園全体の職場風土】の共通点

　【園全体の職場風土】の中で、特に３園に共通するコードが多かったのは、
＜立場が上の職員の姿勢＞と＜園の雰囲気＞であった。
　＜立場が上の職員の姿勢＞では、管理職・新人・中堅ともに立場が上の職員
が気さくな態度を示し、職員間の対等な関係を感じていると語っていた。特に
中堅は［以前は上下関係もある厳しい雰囲気］だったものから［上下の壁が低
い対等な関係へ］と変化していることが共通して語られ、中堅自身が新人であっ
たころと現在では職員間の関係性が変化していることが示された。これは後述
の＜伝え方の工夫＞にも影響していた。
　また、＜園の雰囲気＞も３園ともに管理職・新人・中堅がみな人間関係のよ
さを感じていることが示された。第1章で職場の人間関係が早期離職の主な要

因とあったように、保育者にとって職場の人間関係のよさは就労継続の意思に大きな影響を与えるものといえる。中でも、管理職は［育んできた園文化］について共通して語っており、こうした＜園の雰囲気＞を率先して醸成してきたという自負も抱いていた。

　一方、＜園全体のコミュニケーション＞では、園や立場による認識の違いがみられた。管理職は共通して［誰でも互いに話せる関係性］であると語っていたが、新人と中堅の語りは園によって異なっていた。具体的には、新人が［垣根を超えて誰もが話しやすい］と語った２園は、中堅も［クラスや立場を超えたコミュニケーション］があると語っており、新人・中堅も『誰でも話せる』状態を認識していた。一方、不安定型の『離職増に危機感』に該当する語りがみられた１園では、新人は［人によって話しにくい］、中堅は［クラスごとに異なるコミュニケーション］、管理職は［世代や互いの遠慮を超えられない］とし、３者ともに『人によって話せない』状態であることを認識していた。

　また、＜労働環境・条件＞では、管理職はICT活用や日中の職員配置の工夫によって効率的な書類業務の実施を図るなど［会議や書類業務の工夫］を行っており、新人も残業が少ないなど［働きやすさの実感］を抱いていた。一方、中堅は３園に共通するコードがなく、園ごとに認識が異なる状況が語られた。たとえば［家庭との両立のしやすさ］と［家庭との両立の難しさ］という対極的なコードをみると、［家庭との両立のしやすさ］が語られた園では、"自身の子どもの行事に合わせた休みが取れる"といった語りがあるが、［家庭との両立の難しさ］が語られた園では、"正規職員の場合にはわが子が小学生になると勤務時間の固定ができず、家庭と仕事の両立が難しい"という語りがあった。勤務時間や休暇取得などをどこまで保育者個々の事情や希望に合わせられるかは園によって異なるが、特にライフステージが変化する中堅にとっては、こうした＜労働環境・条件＞が葛藤や不満の原因になる可能性がある。

２）【新人教育体制】の共通点

　【新人教育体制】の中で、３園に共通するコードが多かったのは＜伝え方の工夫＞と＜重層的な支援体制＞であった。

　＜伝え方の工夫＞では、管理職は［自分の目で見たことから伝える］と語り、他の職員から間接的に聞いたことのみで判断して新人とかかわらないように心がけていた。また、中堅は［話しやすい雰囲気と関係を作る］［新人と一緒に考える］ことを意識していた。これは先述の＜立場が上の職員の姿勢＞と関連し、中堅は新人にとっては自分が上の立場になることを自覚し、可能な限り上

下の壁を低くして、話しやすい雰囲気を作るように工夫しているといえる。これらの管理職や中堅のかかわりに対して、新人は［具体的な助言やサポートがある］［尊重感のある指示と感じる］ことを語り、上の立場の職員から仕事上の指示がある場合にも新人の思いを確認するなど新人自身が尊重されていることを感じていた。ただ、中堅は［状況や新人の個性に合わせた伝え方の試行錯誤］をしており、伝え方に悩んでいることが3園に共通して語られた。同様に中堅は＜職員配置の工夫＞でも［教育担当としての悩みや負担］を感じており、新人教育において中堅に負担がかかっていることが示された。

　一方、これに対しては3園とも＜重層的な支援体制＞が機能しており、中堅の悩みや負担が緩和されていた。特に中堅は［横のつながりで支え合う］ことを述べており、新人教育の悩みに対して中堅同士で共感し合いながら対応していた。また、管理職も［中堅に声かけを依頼する］のみならず［自ら新人の声を聴く］ことで、中堅のみに新人教育の責任を押しつけない体制を築いていた。それらの結果、新人は［管理職にも相談できる］［他の職員の自然なサポートがある］［新人同士のつながりがある］と語り、園の様々な立場の職員によって支えられている実感を得ていた。中でも、［他の職員の自然なサポートがある］とは、新人の教育担当者ではない他クラスの先輩保育者等からのサポートであり、これがななめの関係のサポートといえる。たとえば、"教育担当者との関係に悩んでいる様子に気づき、他の先輩保育者が声をかけてくれた"や、"複数の保育者から保育のアイデアをもらったことで助けられた"などが語られ、複数の職員に支えられていると実感することは新人が働き続ける1つの要因となっていた。

　一方、＜職員配置の工夫＞については、管理職や新人について3園で共通したコードはみられず、＜新人への思い／新人自身の思い＞についても園によって異なっていた。特に＜職員配置の工夫＞では、管理職が［一人一人の素質に合わせた配置］を工夫している場合にも、新人が［尊敬する保育士のクラス担任］というように配置に満足している場合と、［同クラスの保育士との関係への悩み］というように配置によって苦悩している場合があった。また、管理職が［クラス配属の試行錯誤］をしている場合には、新人は［新人の意見を考慮したクラス配属］と感じているが、中堅は［クラス配属方法への疑問］を抱いており、立場によって認識が異なっていた。こうしたことから、＜職員配置の工夫＞を行っていても、必ずしも新人にとって良い影響を与える配置になるとは限らず、新人や中堅の悩みや葛藤につながる場合もあるといえる。ただ、先

述の＜重層的な支援体制＞があることで離職を決意するまでには至っていなかったことから、『縦・横・ななめの関係で支援』する体制でこの点を補うことができる可能性がある。

Ⅲ　早期離職を防ぐ園内体制モデルからみる実践への提言

　本章の目的は、管理職・新人・中堅それぞれの立場の認識をふまえた保育者の早期離職を防ぐ園内体制とはどのようなものかを検討することである。ここでは、本調査で明らかになった早期離職を防ぐ園内体制に関する知見を実践への提言を含めて述べる。

1．早期離職防止の土台となる園全体の職場風土

　本調査で明らかになった安定型の構造が早期離職を防止する園内体制であるといえ、早期離職防止には新人教育体制のみならず、その土台として園全体の職場風土が重要であることが示された。これまでにも風通しのよい職場風土づくり（高尾2017a）の重要性が指摘されているが、本研究では早期離職防止の観点から改めてこれらを示すとともに、図3-1のように、その構造を明らかにした。

　とりわけ、＜立場が上の職員の姿勢＞が『誰に対してもフラット』で気さくな態度であること、またそうした態度を新人や中堅も実感することによって、＜園の雰囲気＞として『人間関係のよさ』が醸成されることが示唆された。新保（2019）は保育所の適切な組織形態はピラミッド型ではなく鍋蓋型組織であり、下の意見にどれだけ耳を傾けて取り入れられるかが重要と指摘しているが、本研究でも同様の結果であった。つまり、中堅が［以前は上下関係もある厳しい雰囲気］から［上下の壁が低い対等な関係へ］の変化を語ったように、過去の職場風土や職員間の上下関係を踏襲するのではなく、立場が上の職員が新人等に気さくに声をかけ、積極的に立場が下の職員の声に耳を傾けることが重要である。管理職が＜園の雰囲気＞で［育んできた園文化］と語ったように、こうした文化や風土を管理職が率先して作ることで徐々に育まれていくものだろう。保育においては分散型リーダーシップが重要であるが、気さくなコミュニケーションが生まれる雰囲気は管理職が能動的に作る必要があるとの指摘がある（Siraj&Hallet =2017，110）。これらのことから、職場風土を醸成していくにあたっては、まず管理職や上の立場の職員が『誰に対してもフラット』な姿

勢を示していくことが必要であるといえる。

　一方、＜園全体のコミュニケーション＞や＜労働環境・条件＞においては立場や園によって語りが異なる結果であった。このことから管理職が様々な工夫を行っていたとしても、新人や中堅の側がそれに満足していない場合があるといえる。特に、＜園の雰囲気＞として『人間関係のよさ』を感じていても、＜園全体のコミュニケーション＞では『人によって話せない』状態である場合もある。しかし、全体的に『人間関係のよさ』が感じられていることによって、すぐに離職には至らないともいえ、すべてが安定型の構造になっていなくとも早期離職防止になると考える。そのため、本研究で明らかになった安定型の要素を増やしていく、たとえば『人間関係のよさ』が感じられる状態に近づくよう、クラスや立場を超えたコミュニケーションの場を増やすようにすることなどによって、早期離職の防止につながる可能性がある。

２．重層的な新人教育体制の整備の重要性

　園全体の職場風土を土台としつつも、とりわけ新人への支援のためには、重層的な支援体制が重要であることが明らかになった。具体的には、管理職・中堅がそれぞれの立場で新人への＜伝え方の工夫＞をしていることが示された。管理職は他の職員から新人についての報告を受ける立場であるが、管理職自身が新人と話す際には、他の職員から間接的に聞いたことのみで判断しないように［自分の目で見たことから伝える］意識をもっていた。

　また、中堅は新人教育を担当する職員として、管理職以上に新人との直接的なかかわりが求められることから、［話しやすい雰囲気と関係を作る］ことに努め、［新人と一緒に考える］よう意識していた。宮崎（2014）も新人保育士の保護者対応の困難さへの職場サポートとして先輩保育士に対して「相談可能な雰囲気」が重要であることを述べており、本研究からも中堅自ら新人が話しやすい雰囲気や関係を構築することが重要といえる。

　しかし、中堅はこうした新人教育に対して［教育担当としての悩みや負担］も感じていた。松浦ら（2015）や増渕・横山（2019）が新人教育担当者や中堅の負担を指摘していたように、早期離職の少ない園でも中堅への負担は大きな課題といえる。それに対して、本研究では園全体での＜重層的な支援体制＞が機能することによって、こうした中堅の負担を緩和できていることが示された。

　プリセプター制を導入する看護現場では、幾重ものサポート体制を構築することが望ましいとされているように（厚生労働省2014）、保育現場においても

園全体で『縦・横・ななめの関係で支援』する体制を整備する必要がある。具体的には負担を抱える中堅が［横のつながりで支え合う］ことができ、管理職も［自ら新人の声を聴く］ことで中堅のみに新人教育を任せない体制整備が求められる。また、クラスの垣根を超えたななめの関係の職員が新人を気にかけ、声をかけられるような関係作りや場の設定も重要である。こうした重層的な支援体制が機能することで、新人自身が［管理職にも相談できる］［他の職員の自然なサポートがある］［新人同士のつながりがある］と感じ、悩みや葛藤があっても働き続けることができると考える。

一方、＜職員配置の工夫＞については、園や立場によって認識が異なっており、管理職がクラス配属を工夫しても、新人や中堅の立場からすると、良い配置となる場合とそうならない場合があることが示された。第2章で示したように多くの施設長等が人間関係を考慮したクラス配属を行っているが、これだけでは早期離職は防止できない可能性があり、先述のように新人と同じクラスを担任する保育者のみに教育を任せきりにするのではなく、園全体で新人と中堅を支援する重層的な体制を整える必要があるだろう。

Ⅳ　管理職の取り組み指針の提示

ここまで、早期離職防止のための園内体制モデルを示してきたが、これは3か所のみを対象とした調査から抽出したものであり、他園での実行可能性等にはまだ課題がある。そのため、本節では、本モデルを保育施設の管理職に提示し、これに対する意見や具体的な実践例を聞き取るヒアリング調査を行い、他園の管理職が本モデルを実施するための管理職の取り組み指針を具体的に提示することを目指す。

1．ヒアリング調査の概要
1）調査手続き

先述のインタビュー調査対象施設と同様の方法で抽出した施設のうち、早期離職率が低い順に並べた際に、先の3か所の次点（4位、5位）であった2か所の施設の管理職にヒアリング調査への協力を依頼した。また、別の研究のためにインタビューを実施した施設の中で、離職が少ないことが確認できた保育施設1か所の管理職にも本調査の協力を依頼した。これら3か所（いずれも私立）の施設長3名の概要は表3−3に示す通りである。調査時期は2022年3月−

8月であった。

2）データ収集方法

　ヒアリングは、新型コロナウイルス感染拡大の状況をふまえ、対象者の希望に応じて、対面もしくはオンライン（Zoom）で実施することとし、1か所はオンライン、2か所は対面での実施となった。ヒアリングの前に図3-1と表3-2をもとに園内体制モデルについて説明した簡易パンフレットを送り、事前に目を通してもらったうえで、ヒアリング当日には①近年の離職者の状況と②離職防止のために取り組んでいることについて具体的に聞いた。

　ヒアリングの時間は30分～1時間程度とし、同意を得たうえで、オンラインの場合には録画機能を用いて記録し、対面の場合にはICレコーダーで録音を行い、逐語録を作成した。逐語録は全部で63,972字となった。

表3-3　インタビュー対象施設と対象者の概要

		A園	B園	C園
	施設種別	保育所	幼保連携型認定こども園	幼保連携型認定こども園
園の概要	定員、職員総数	60名、18名	155名、36名	98名、36名
	2021年度末における正規保育者の離職数（うち早期離職数）	0名（0名）	2名（2名）	1名（1名）
対象者の概要	年齢、保育実践経験	40歳代、8年	60歳代、22年	50歳代、26年
	本施設での勤務経験、施設長歴	23年、10年	22年、20年	17年、7年

3）データ分析方法

　上記のヒアリングで得られたデータを、表3-2の統合2次コード内の「管理職」のコードのどれにあてはまるかという視点で検討し、あてはまるコードがない場合は、新規の統合2次コードを作成した。次に、管理職の統合2次コードのうち不安定さにつながるコード以外を「管理職（特に施設長）の取り組み」として、施設長が主語となるよう動詞形に変換した。最後に本ヒアリングデータと先述のインタビュー調査で施設長から得られたデータから、それぞれ施設長の取り組みとして該当する具体的な取り組み例を追記し、表3-4にまとめた。また、図3-1を利用し、各サブカテゴリ上に「管理職（特に施設長）の取り組み」を配置した管理職の取り組み指針を作成した（図3-2）。

4）倫理的配慮

　調査対象者には、調査の主体、主旨、具体的な方法、プライバシーの保護、データの取り扱いなどについて口頭と文章で説明を行い、合意が得られた場合にのみ同意書に署名を得てから調査を行った。また、今回の研究で得たデータは研究室の鍵のかかる棚にて保管した。これら一連の調査については、大阪府立大学大学院人間社会システム科学研究科倫理委員会で承諾を得ている（2021年10月14日）。

表3-4　早期離職を防ぐための管理職の具体的な取り組み一覧

【カテゴリ】	〈サブカテゴリ〉	［統合2次コード：管理職］	「管理職（特に施設長）の取り組み」	具体的な取り組み例
園全体の職場風土	労働環境・条件	会議や書類業務の工夫	会議や書類業務を工夫する	・書類作成にICTを導入する。書類の書式を簡素化する。 ・毎日短時間ミーティングを実施することで月1回の会議時間を短縮する。
		一人一人の希望の尊重	一人一人の希望を尊重する	・多様な休暇を設定する（10分単位の休暇、バースデー休暇など）。 ・仕事をしたい人には仕事ができるように保障する。
		残業削減・休憩の推奨	残業の削減と休憩取得を推奨する	・残業せずに帰るよう声をかける。 ・園長が早く帰るようにする。 ・休憩が取れるよう人的配置を工夫する。 ・休憩室の環境を整える。
		人材・財源の確保	人材や財源を確保する	・自治体に掛け合って財政的な補助を得る。 ・非常勤職員を複数雇用し、製作や掃除などをうまく分担できるようにする。
	立場が上の職員の姿勢	気さくな園長・ベテラン	気さくにかかわる	・職員の細かな変化（保育、表情、髪型の変化など）に気づいて声をかける。 ・子どもたちと遊ぶ。子どもや職員の前で手品をする。 ・職員をニックネームで呼ぶ。
		職員一人一人を大事にする	職員一人一人を大事にする	・個人面談（定期／不定期）の機会を設ける。 ・管理職から職員に対して意見や考えを聞く。 ・自己申告書などで各自に目標設定をしてもらい、フィードバックする。 →・職員から聞いた声に対しては、必ず何らか対応して返す。 ・職員に対して否定するのではなく、前向きに捉えていけるように声をかける。
		管理職もチームで対応	管理職チームで検討・対応する	・園長が悩んだときには主任等の管理職チームに相談する。 ・常に管理職間で事務所などで会話をして、情報共有する。

第 3 章　早期離職を防ぐ園内体制モデルの検討　　67

		項目	項目（行動形）	具体的内容
園全体の職場風土	園全体のコミュニケーション	誰でも互いに話せる関係性	誰でも互いに話せる関係性を作る	・管理職等がいつでも聞いてきていい雰囲気を作る。 ・管理職等から声かけたり、話をふったりする。
		垣根を超えたコミュニケーションの工夫	垣根を超えたコミュニケーションになる工夫をする	・毎日10分程度の短時間ミーティングを正規職員全員で実施する。 ・懇親会や飲み会などを開く。 ・休憩時などには、立場が上の職員から会話をふるように声をかける。
	園の雰囲気	全体としての人間関係のよさ	全体としての人間関係のよさを目指す	・人間関係の変化にアンテナをたてておく。 ・小さな軋轢は起こりうるものと捉えつつ、放置はしないで、自ら悩みを聞いたり、誰が対応しているか確認しながら見守ったりする。
		育んできた園文化	園文化を育む	・園の方針を示す。 ・方針に沿った行動をする（譲らない姿勢をみせる）。 ・みんなの意見を聞きながら保育文化を作る。
		生き生きした職員	職員一人一人が生き生きできることを目指す	・職員一人一人が生き生きできるように、それぞれの得意を生かす。 ・方針は一緒でも方法が一人一人違うことを大事にする。
新人教育体制	新人への思い／新人自身の思い	新人への共感と育てる姿勢	新人への共感と育てる姿勢を見せる	・新人の居場所を作る。 ・新人のやりがいや楽しみを作る（卒園児のつどいなど）。
	職員配置の工夫	一人一人の素質に合わせた配置	一人一人の素質に合わせた配置を心がける	・一人一人の素質に合わせて配置する。 ・あえてタイプの異なる職員と同クラス担任にする。 ・下を育てる力がある職員を教育担当者にする。
	伝え方の工夫	自分の目で見たことから伝える	自分の目で見たことから伝える	・他の職員から聞いたことは、実際に職員の姿をみてから声をかける。 ・保育の様子をみて、よくなったところを直接伝える。
		新人への共感からはじめる	新人への共感からはじめる	・新人の行動の背景や理由に共感する（「わかる、わかる」からはじめる）。 ・どうすればいいか一緒に考える。
		具体的にフィードバックする	具体的にフィードバックする	・新人にふるまい方を具体的に教える（たとえば、報・連・相について）。 ・書類の修正の仕方を具体的に指示する。
	重層的な支援体制	自ら新人の声を聴く	自ら新人の声を聴く	・新人に直接今の気持ちや状況を聞く。 ・意図的に新人に世間話をする。新人が事務所に来たときに声をかける。
		中堅に声かけを依頼する	中堅に声かけを依頼する	・中堅に対して新人教育の役割を明確に付与する。 ・新人には日誌を週に一回書いてもらい、それを中堅、主任、園長の複数職員で読んで、見守るようにしている。
		横やななめの関係を作る	横やななめの関係を作る	・年齢の近い職員や先輩職員等に対して新人のフォローを依頼する。 ・新人に教育担当者以外の職員にも相談していいことを伝える。
		中堅のサポートをする	中堅のサポートをする	・中堅に新人教育の状況や悩み、愚痴などを聞く。

※網掛けは、ヒアリング調査で新たに追加したものである。

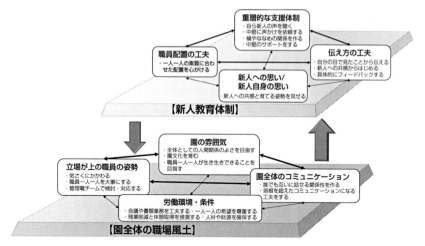

図3-2　早期離職を防ぐための管理職の具体的な取り組み指針

2．管理職による離職防止のための取り組み

　3園の園長へのヒアリング調査で得られたデータから新たな統合2次コードとして、＜労働環境・条件＞に［人材や財源の確保］が、＜立場が上の職員の姿勢＞に［管理職もチームで対応］の2つが追加された。以下では、表3-4をもとに、離職防止のために早期離職の少ない6園で施設長が取り組んでいたことを具体的な例を挙げて述べる。

1）園全体の職場風土を醸成するための具体的取り組み

　早期離職の少ない園の管理職は、園全体の職場風土を作るために、表3-4の12の取り組みを行っていた。

　＜労働環境・条件＞を整えるために、「会議や書類業務を工夫する」「一人一人の希望を尊重する」「残業の削減と休憩取得を推奨する」「人材や財源を確保する」ことを行っていた。中でも取り入れやすいのは、書類作成にICTを導入したり、書類の書式を簡素化したりするなどの「会議や書類業務を工夫する」ことであろう。厚生労働省（2016）も保育所等における業務効率化推進事業を実施し、積極的にICT化を推奨しており、これを活用することもできる。

　一方で、「残業の削減と休憩取得を推奨する」ことは、管理職による声かけのみでは変わらない状況も語られていた。これは、保育という仕事に際限がないことも関係しているだろう。保育士の熱意があるほどに「子どものためにもっとやりたい」と考え、休憩を短時間で切り上げて保育に戻ったり、残業に区切

りがつけにくかったりするという語りがあった。そのような中、ある園ではむ
しろ仕事がしたい人は一定時間残って仕事ができるように保障するという形で
「一人一人の希望を尊重する」ことを行っていた。この園の施設長は、園とし
ての方針は同じでも、それに至る方法は一人一人違っていいという考えをもっ
ており、全員一律に残業を制限するのではなく、保育士一人一人の思いや状況
に合わせて働き方に一定の幅を認めている。これは後述する「職員一人一人を
大事にする」や「職員一人一人が生き生きできることを目指す」にもつながる
と考える。

　また、「残業の削減と休憩取得を推奨する」ためには、それができるような
人的配置が必須となる。そのため「人材や財源を確保する」ために、他の保育
施設と協働し、自治体に掛け合って財政的な補助を得るような行動を行ってい
る施設長もいた。職員配置にゆとりができることで、保育時間中に子どもから
離れて書類作成ができたり、日中に短時間での正規職員全員でのミーティング
ができたりと、労働環境の改善だけでなく、園全体のコミュニケーションを活
性化することにもつながっていた。

　次に＜立場が上の職員の姿勢＞として、いずれの園でも施設長自身が率先し
て以下のような姿勢をみせていた。まず「気さくにかかわる」姿が6園すべて
の施設長に共通してみられた。施設長がすべての職員をよくみて、気さくに声
をかけていることが、園全体の風土を醸成しているといえる。

　また、「職員一人一人を大事にする」ために、定期や不定期で一人一人の職
員と話をする個人面談等の機会を設けている園も多く、施設長の職員の声を聴
く意識の高さも共通していた。また、追加でヒアリングした3園に共通してい
たのは、拾い上げた職員の声に対して、必ず何らかの対応をして返すようにし
ていたことである。ただ話を聞くだけではなく、解決が必要な事項については
行動を起こすということが「職員一人一人を大事にする」姿勢をみせることで
もあるといえる。

　さらに、3園のヒアリングから「管理職チームで検討・対応する」という取
り組みが新たに追加された。特に施設長が対応に悩んだときに主任や副主任等
を含めた管理職チームに相談したり、事務所等で常に管理職間で会話を交わし
合うことで職員間の人間関係に関して情報共有したりしていることが語られ
た。先にインタビューした3園においても、管理職グループへのインタビュー
の中で、互いに話を聞き合ったり補足し合ったりする様子がみられ、互いの役
割を意識的に分担しつつも補い合う関係性がみられた。これらのことから施設

長自身が孤立せず、管理職チームで支え合っていることも重要と考える。

　＜園全体のコミュニケーション＞では、まずは園長が率先していつでも聞いてきていい雰囲気を作るよう意識していた。また、施設長自ら職員に話かけたり、話をふったりとコミュニケーションが生じるような具体的働きかけを行うことで、「誰でも互いに話せる関係性を作る」ことにつながっていた。ほかにも毎日10分程度の短時間ミーティングを正規職員全員で実施することや、休憩時などに立場が上の職員から自然に他の職員に会話をふるように、施設長から声をかけることによって、世代や配属クラスにかかわらず「垣根を超えたコミュニケーションになる工夫をする」ことも行っていた。

　＜園の雰囲気＞では、「全体としての人間関係のよさを目指す」ことが意識されており、施設長自ら人間関係の変化にアンテナをたてている様子が語られた。しかし、小さな軋轢があることも語られ、そうした軋轢は人間同士であれば必ず起こるものと捉えつつ、気がついたときに施設長自ら悩みを聞いたり、他の職員に任せたほうがいいと感じた場合にはあえて対応を任せて確認しながら見守ったりしていた。

　また、施設長として「園文化を育む」ために、園の方針を示すことや、自らその方針に沿った行動をし、その方針については一定譲らない姿勢もみせていた。同時に、施設長の独りよがりの方針にならないよう、様々な立場の職員に意見を聞きながら、園文化を作っていくことや、時代に合わせて作り変えていくことも意識されていた。

　そして、園の方針の１つとして「職員一人一人が生き生きできることを目指す」ことが意識されており、具体的には職員それぞれの得意を生かすことや、方針は一緒でも方法は一人一人違うことを大事にしていた。たとえば、運動が得意な保育士に対して、それに関する研修に参加できるよう采配し、園全体の運動遊びのリーダー的な役割を付与していた。こうした具体的な取り組みによって、すべての保育士が同じようにすることではなく、職員一人一人の違いを生かせる風土になっていたといえる。

２）新人教育体制を構築するための具体的な取り組み

　早期離職者の少ない園の管理職は、新人教育体制を構築するために、表3-4の9つの取り組みを行っていた。

　まず、＜新人への思い／新人自身の思い＞としては、新人の居場所を作るために、休憩時にも他の職員と会話ができるように意識的に話題をふったり、新人が保育のやりがいを感じられるよう、卒園児を園に招く行事などで新人がか

かわった子どもの成長を実感できる機会を作ったりしていた。

　＜職員配置の工夫＞としては、一人一人の素質を見極めてクラス配属などを工夫しており、あえてタイプの異なる職員と同じクラスの担任にするなどの工夫もみられた。しかし、どの園でもクラス配属がうまくいかないことがあると語られた。そのため、先に述べた「職員一人一人を大事にする」ために行う定期や不定期の個人面談等の機会に担任間の人間関係も含めて聞き取りを行い、必要に応じて中堅に新人へのかかわり方の工夫を依頼するなどの対応を合わせて行っていた。

　＜伝え方の工夫＞としては、実際に職員の姿をみてから声をかける、保育の様子をみてよくなったところを直接伝えるなど、「自分の目でみたことから伝える」ことを行っていた。これは現場の保育をみていないとできないため、施設長も日々の保育の様子に意識を向けているといえる。施設長の中には、もともと他の業界で勤務しており、後継者として施設長になった者もいたが、その場合には、保育については主任等に任せつつ、人としてのふるまいなど別の視点からの気づきを新人に伝えていた。「新人への共感からはじめる」は、新人の行動の背景や理由に共感してから、どうすればいいか一緒に考える姿勢をみせるように意識するものである。ただ、これは施設長自ら行うというよりも、主任や中堅等実際に新人に直接かかわる職員に対してそのような姿勢でかかわるよう依頼していた。「具体的にフィードバックする」では、施設長の役割として、報告・連絡・相談の重要性や、それらをどのように実施するかを具体的に繰り返し新人に教えるようにしていた。また、保護者へのおたよりや書類などの書き方については、具体的な修正指示を入れ、きちんと修正させるといった譲らない姿勢もみられた。

　＜重層的な支援体制＞としては、施設長が「自ら新人の声を聴く」として、新人に直接今の気持ちや状況を聞いたり、意図的に新人に世間話を持ち掛けたりすることで、新人が関心をもっていることなどを知ろうと心掛けていた。ただ、施設長としての立場が新人に緊張感を与えてしまうことも懸念し、内容に応じて「中堅に声かけを依頼する」ことでバランスを取っていた。中堅に対しては新人教育の役割を明確に付与することで、中堅自身の成長機会とも捉えていた。また、新人には一日一行程度の日誌を書いて週に一回提出させ、それに対して、中堅、主任、施設長が読んでコメントすることで、複数の職員で新人を見守る仕組みを作っている園もあった。

　また、「横やななめの関係を作る」ために、新人教育の役割を付与した中堅

だけではなく、年齢の近い職員や他クラスの先輩職員等に対して新人のフォローを依頼していた。また、新人に対して、教育担当者以外の職員にも相談していいことを伝え、いろいろなやり方や考え方があることを新人に示していた。「中堅のサポートをする」では、中堅も新人教育に悩みを抱えることを理解し、新人との関係性や保育の状況や悩み、愚痴などを意図的に聞くようにしていた。

3）離職が少ない園の施設長に共通する要素

　ここまで述べたように、施設長は多岐にわたる取り組みを実施しており、離職の少ない6園に共通する要素も多かった。しかし、実際の取り組みの方法や内容は園によって異なっていた。これは、インタビューやヒアリングの中で施設長が語っていたことでもあるが、具体的な取り組みを真似て実施しても、その園の理念や文化が変化していかなければ、改善につながらない可能性がある。たとえば、休憩取得の推奨がその代表例であり、管理職として人員配置を見直し、休憩が取れる体制を整え、職員に声をかけても、職員がそれによって休憩を取るようになるとは限らないことが語られた。増淵・横山（2019）は、気持ちの休息が取れる休憩時間の確保が課題解決に必要としていたが、単純に確保するのみではうまくいかないといえる。なぜなら、休憩が職員にとって良い影響を与えるものとなるためには、安心して休憩が取れる場や関係性が同時に必要となるからである。また子どものためにもっと良い保育をしたいという熱意によって働き続けてしまう保育士がいた場合、それをどのように捉え、調整していくかも合わせて検討する必要がある。これは園文化を育んでいくこととも重なるため、労働環境の改善は園として何を大事にするかを管理職が園の職員とともに考え、実現していくことでもあるといえる。

　また、離職の少ない園の管理職は、常に職員全体を見渡しながら、細かな関係性の変化に気を配っていた。また、それが可能となるように、自分自身でアンテナをたてながらも、自分一人ではできないという限界を認識しながら、主任等を含めた管理職チームや、様々な立場の職員に状況を聞きながら拾い上げて対応を行っていた。園全体がシステムとして機能するよう、施設長が他の職員と協力し合ってかじ取りをしているといえる。新保（2019）は、保育所の適切な組織形態として「フラットな鍋蓋型組織」を挙げているが、鍋蓋のつまみの部分が施設長1名ではなく、主任や副主任等も含む管理職チームになっていることが、安定して組織を運営するために必要だと考える。また、職員全体を見渡す仕組みとして、自己申告書や定期的な個人面談など年間の定められた行事として整備できる部分と、管理職等が日々意識的に行動する中で行っている

職人技のような部分があり、どちらのほうに比重があるかは施設長の経歴や資質、法人の仕組みなどによっても異なるといえる。

　さらに、新人教育体制が安定している園では、新人を大事にすることに注力しているというよりも、すべての職員一人一人を大事にすることを意識し、中堅以上の新人教育担当者への配慮やサポートも含めて、重層的な支援体制となっていた。すべての保育士が一人一人大事にされることが、一人一人の子どもを大事にすることにもつながると語る施設長もおり、保育士が働き続けたいと思える魅力ある園にしていくことが、保育の質向上にもつながっていくと考えられる。保育所保育指針（厚生労働省2017）にも、「一人一人の子ども」「一人一人の保護者」そして「一人一人の職員」という言葉が登場する。保育においては、子どもや保護者に加えて職員についても「職員全体」ではなく、「一人一人」に目を向けて園内体制を構築していく必要があるといえる。同時に、施設長が職員一人一人を大事にするということは、無条件に全員の意見を受け入れるということではない。園の理念や方針として、大事にすることや譲れないことは職員に明示しつつ、相互に対話しながら、園をより良くしていこうと努力を続けてくことが安定した園運営につながるだろう。

Ⅴ　本調査の限界と課題

　本章ではインタビュー調査とヒアリング調査で得られたデータから考察を行ったが、いずれの調査においても以下の限界や課題がある。

　第1に、大阪府内の私立保育施設の中で早期離職者が少ない園のみを対象としたことの限界がある。その他の地域や公立園では異なる状況がみられる可能性はあり、今後対象を広げる必要がある。また、表3-2にみられた不安定型の要素は早期離職者が少ない園での結果であるため、早期離職者が多い園ではより深刻な状況が起きている可能性がある。

　第2に、インタビュー調査では立場ごとのグループインタビューを実施したため、個別の経験年数や施設長と主任といった立場による違いなどには十分言及できていない。またヒアリング調査では施設長のみを対象としたため、施設長の取り組みを他の職員がどう受け止めているかまでは明らかにできていない。

　第3に、本調査では現在の体制に至ったプロセスは十分に分析できていない。インタビューやヒアリングの中では、過去に離職が多い状況があったことなど

も語られており、現状に至るまでの取り組みの経緯を明らかにすることは、離職が多い園の指針になるといえる。また、現在の体制が今後の離職に与える影響などを縦断的な視点で調査することで、本調査で明らかになった早期離職を防止する園内体制による離職防止効果も明らかにする必要があると考える。

第4章
すべての保育士が生き生きと
働き続けられる園に向けて

　本章では、ここまでに述べてきた研究結果より、早期離職の防止のみならず、すべての保育士が生き生きと働き続けられる園内体制の構築を目指し、現状の課題をふまえた実践への提言を行う。

Ⅰ　保育施設における離職防止の現状と課題

　まず保育士の早期離職に関する現状を以下3点にまとめて述べる。

　第1に、近年保育士不足が深刻になったことから、保育士の早期離職も問題視されるようになり、関連する研究が増加してきた。離職率等は研究によって様々であるが、一部の施設のみの問題ではなく、保育現場に共通する課題として認識されてきた。また、原因として「人間関係」が共通して挙げられているが、離職した当事者側と管理職側の認識に齟齬がみられ、また原因が複雑に絡み合っていることから、単純な解決策が見出しにくいことが問題解決を阻んできたといえる。

　第2に、離職理由の多様化が進んでいることも明らかになった。特に、本書で対象とした大阪府は都市部で保育施設の新設等が相次いでおり、保育士不足を解消するために、民間の保育士向け転職サービスも増加している。潜在保育士の再就職に加え、現在保育現場で勤務している人にとっても、より条件のよい施設へ転職がしやすくなったことで、待遇等を含めて条件の悪い施設からの離職が進んでいる可能性がある。これによって各施設の待遇改善が図られる可能性もあるが、保育士の入退職などによる入れ替わりが激しくなると園文化を育むことがより難しくなるといえる。特に他施設で保育経験がある者が入職することで保育のあり方や方針に齟齬が生じる可能性は高く、改めて各施設における保育方針を見直す必要がある。また、若者の価値観の多様化などから、転職や起業などへの心理的ハードルも低いと考えられ、多様な選択ができる良さはあるものの、保育士がより魅力的な職業でなければ、労働力人口が減っていく中で今後さらに保育士不足が深刻になることも懸念される。一方、産休・育休制度が整ってきたことで、以前よりは出産を機に離職することが減っている

様子がみられた。しかし、産休・育休中保育士の代替要員の確保や、子育て中の保育士の多様な働き方をどこまで認めていくかといった課題も新たに生じていた。

第3に、保育施設は1施設の職員総数が平均30名程度と少数の職員で運営されている施設であることや、保育士の配置基準等が国によって定められていること、定員数に合わせた運営費の支給であることなど、保育施設独自の状況がある。そのため、単純に全職種との比較で離職率の高低をみるのではなく、保育施設の実態に合わせた対策を検討する必要がある。また、現状として保育士の給与の低さは依然として課題であり、配置基準の問題も根本的には改善されていない。管理職が自治体に掛け合うことで、自治体独自の予算を得て配置増が実現できている園もあるが、第2章では正規職員率と離職率との関連もみられたことから、一定以上の正規職員が確保できるよう、最低基準の見直しも含めて国としてのさらなる改善が必要といえる。

Ⅱ　すべての保育士が生き生きと働き続けられる園内体制の構築

最後に、すべての保育士が生き生きと働き続けられる園内体制の構築における要点について3点述べる。

第1に、離職防止のための取り組みを個別に実施するのではなく、園として何を大事にしていくのか、園の理念や文化自体を改めて見直し、総合的に取り組んでいく必要がある。第2章では早期離職防止等に関する取り組みのいずれも離職率等との関連があまりみられなかった。また、第3章2節の安定型と不安定型の構造で示したように、いずれかがうまく機能していなくても総合的にみて働きやすい状況が生じていることで、離職にはつながりにくくなっていた。さらに、第3章4節で主に施設長の取り組み指針を検討する中で、単なる具体的な取り組み例の取り入れではなく、同時に園として何を大事にするかを考え、実現していくことが重要であることを指摘した。これらのことから、1つ1つの取り組みの実施の有無ではなく、園全体として総合的に取り組んでいくことが重要と考える。これまでにも厚生労働省（楽天リサーチ株式会社2015）や日本保育協会（2015）等が保育士の働きやすい職場作りや業務負担軽減に関する調査を実施しており、その結果をまとめた報告書の中で、実践例が紹介されている。しかし、本書ではその全体像としての体系的なモデルを図3-1と図3-2に示してきた。特に、早期離職の防止という観点からは新人教育体制が重要

であるが、その土台として園全体の職場風土を同時に整えていく必要があり、中堅への負担の偏りや中堅層の離職を引き起こさないためにも、総合的な実施が実践における要点といえるだろう。

　第2に、園内体制を構築する際には、管理職の役割が重要である。第2章では、管理職が在職3年目までの保育士の意見を尊重する態度が4年目以上離職率と関連している結果がみられ、管理職が若手の意見を尊重する姿勢を示すことで、施設全体に意見を言いやすい風土が生まれ、在職期間の長い保育士も働きやすさを感じている可能性があった。第3章でも、立場が上の職員が「誰に対してもフラット」であることが示され、特に施設長自身がすべての職員に対して気さくに接していることが離職の少ない園に共通してみられた。その際に、管理職が新人のみを大事にするのではなく、職員一人一人を大事にする姿勢がより効果的と考えられた。新人も中堅もそれぞれの立場での悩みや思いがあり、それらの多様な状況をふまえたうえで、一人一人の声に耳を傾ける仕組みや、それらに対応するための行動を起こすことが重要である。一方で、管理職が職員の人間関係に細やかに気づいて対応するためには、施設長一人では限界があり、主任や副主任といった各施設における管理職チームが機能することによってそれらが成し遂げられていた。施設長自身も孤立することがないよう、鍋蓋型組織の中でも鍋のつまみ部分が分厚くなるよう整える必要があると考える。

　第3に、園全体での重層的な支援体制の構築が求められる。第2章で最も多くの施設が意識していたのはクラス配属の工夫であったが、第3章の中では、それがうまくいかない場合も多いことが明らかになった。また、第2章では4年目以上の保育士が定着しているときには、新人教育担当者の明確化を行うのは一定効果があるが、早期離職者が多い施設においては教育担当者を決めることが4年目以上の職員の負担になる可能性が示された。新人も教育担当者もその役割を認識できるように明示しながらも、教育担当者も悩みを抱えることを想定し、管理職が意識的に担当者を支えることや、新人教育を担当者のみに任せるのではなく、いろいろな立場の者が新人を気にかけ、支えられるよう意識的に働きかけることが重要である。

おわりに

　本研究は、日本学術振興会の科学研究費を得て行った研究の成果の一部である（課題名「保育士の早期離職を防ぐ園内体制モデルの構築」課題番号18K13133）。筆者にとっては初めて研究代表者として取得した科研費による研究であったが、2020年の新型コロナウイルス感染症の影響もあり、一時は調査を止めざるを得ず、予定通りに研究が進まなかった。また、筆者自身の力の無さから、得られたデータも十分に深い分析ができなかったところがある。特に、組織論を深めるための理論的枠組みに迫るに至らず、現状の整理にとどまってしまった。この点は今後の課題としたい。

　本研究と並行して生活困難家庭への支援における保育所等組織に関する研究にも携わったことで、保育実践において保育所等の組織としての力や、管理職のリーダーシップの重要性を強く感じた。早期離職防止という観点のみならず、保育の質の向上や家庭支援力の向上という点でも、管理職には保育所等組織をかじ取りしていく役割がある。しかし、インタビュー調査の中で管理職の苦悩や管理職と中堅層との間での齟齬などにも出合った。管理職としては、新人にも中堅にも良かれと思って取り組んでいることが、実際に新人や中堅の声を聞くと、保育士に届いていないことや逆効果となっているように思われることもあった。最後のヒアリングでは、管理職チームの存在が明らかになり、施設長も一人で頑張るのではなく、主任や副主任といったミドルリーダーと一緒に園の体制を整えていくことが重要だと改めて気づかされた。本書が、施設長も含めたすべての保育士が生き生きと働き続けられる園になるための一助となることを心から願う。

　最後になりましたが、本書に関連する調査にご協力くださいました各施設の皆様、アンケート調査の依頼においてお力添えいただきました大阪府社会福祉協議会の関係者の皆様に心より感謝申し上げます。

　また、アンケートの分析において多大なるサポートをくださった春木裕美氏、研究全体において貴重なご助言をくださった岩本華子氏にも御礼申し上げます。

　最後に、筆者が本研究テーマに至ったのは、故里見恵子先生のご助言がきっかけでした。本書を直接読んでいただくことができないのは、大変残念ではありますが、里見先生のこれまでのご指導に感謝申し上げるとともに、ご冥福をお祈りいたします。

【初出一覧】

はじめに　書き下ろし

第 1 章　木曽陽子 (2018)「保育者の早期離職に関する研究の動向─早期離職の実態、要因、防止策に着目して」『社会問題研究』67，11-22を改稿

第 2 章　木曽陽子・春木裕美・岩本華子（2020）「保育士の早期離職と離職防止の取り組みの実態──大阪府内の私立保育施設への質問紙調査より」『社会問題研究』69，13-31
木曽陽子・春木裕美・岩本華子（2022）「保育士の早期離職率等と保育施設における離職防止策の実施状況との関連─大阪府内の保育施設への質問紙調査より」『社会問題研究』71，17-43
これらをもとに執筆

第 3 章　Ⅰ、Ⅱ、Ⅲ　木曽陽子・岩本華子（2022）「保育者の早期離職を防ぐ園内体制に関する検討─離職者の少ない園の管理職・中堅・新人へのインタビュー調査より─」『子ども家庭福祉学』22，43-55を改稿
Ⅳ、Ⅴ　書き下ろし

第 4 章　書き下ろし

おわりに　書き下ろし

【引用文献】

Siraj-Blatchford, I and Hallet, E（2014）Effective and Caring Leadership in the Early Years. London: SAGE（＝2017, 秋田喜代美・鈴木正敏・淀川裕美・佐川早季子『育み支え合う保育リーダーシップ──共同的な学びを生み出すために』明石書店）

秋田喜代美・淀川裕美・佐川早季子・鈴木正敏（2016）「保育におけるリーダーシップ研究の展望」『東京大学大学院教育学研究科紀要』56, 283-306.

安梅勅江（2010）「Chapter1科学的根拠としてのグループインタビュー活用法」安梅勅江編『ヒューマン・サービスにおけるグループインタビュー法III/論文作成編 科学的根拠に基づく質的研究法の展開』医歯薬出版, 4-7.

市原純（2016）「保育職志望の若者の『学校から仕事へ』の移行過程と人間関係」『帯広大谷短期大学紀要』53, 37-56.

伊藤恵里子（2014）「新任保育者の早期離職に関わる要因 ──早期離職者へのインタビュー調査から」『千葉明徳短期大学研究紀要』(35), 61-69.

上田淑子（2014）「園内研修と園長のリーダーシップ──園内研修を行った保育士のインタヴュー調査から」『甲南女子大学研究紀要人間科学編』(50), 7-13.

上田厚作・松本昌治（2015）「新任保育者の早期離職を防ぐために保育者養成校に求められる就職支援活動──離職率・離職原因等に関する追跡調査結果を受けて」『越谷保育専門学校研究紀要』(4), 29-34.

内田豊海・松崎康弘（2016）「保育・教育現場における早期離職の原因とその後──短大卒業生の事例をもとに」『南九州地域科学研究所所報』(32),17-23.

遠藤知里・竹石聖子・鈴木久美子・加藤光良（2012）「新卒保育者の早期離職問題に関する研究2──新卒後5年目までの保育者の『辞めたい理由』に注目して」『常葉学園短期大学紀要』(43),155-166.

大嶽広展（2017）『働き続けたい保育園づくり──保育士の定着率を高める職場マネジメント』労働調査会.

岡本和惠・卜田真一郎・松井玲子・北野圭子（2010）「本学卒業生の幼稚園・保育所等における早期離職の現状と課題──平成19・20年度卒業生を対象として」『常磐会短期大学紀要』(39), 19-39.

岡本和惠・卜田真一郎・輿石由美子・松井玲子・北野圭子（2011）「保育の質を高める保育者養成校の役割──早期離職を防ぐために」『常磐会短期大学紀要』(40), 35-50.

小川千晴（2013）「幼稚園・児童福祉施設における早期離職──動向調査と卒業生の現状を通して」『聖隷クリストファー大学社会福祉学部紀要』11,55-64.

小川千晴（2015）「新任保育者の早期離職の要因——卒業生を対象とした意識調査から」『聖隷クリストファー大学社会福祉学部紀要』13,103-114.

越智幸一・佐藤康富・臺有桂・関川満美（2018）「リーダーシップを発揮した保育組織活性化に関する研究」『鎌倉女子大学学術研究所報』18,45-54.

小尾晴美（2015）「第2章　非正規保育者の雇用と労働の現実—『東京の公立保育園における非正規職員の実態調査報告書』から　はじめに」垣内国光・高橋光幸・小尾晴美監修『私たち非正規保育者です——東京の公立保育園非正規職員調査から見えてきたもの』かもがわ出版, 24-31.

加藤光良・鈴木久美子（2011）「新卒保育者の早期離職問題に関する研究1——幼稚園・保育所・施設を対象とした調査から」『常葉学園短期大学紀要』(42), 79-94.

加藤由美・安藤美華代（2021）「若手保育者の離職防止に向けて——園長を対象とした質問紙調査から」『保育学研究』59 (1),117-130.

神谷哲司・杉山（奥野）隆一・戸田有一・村山祐一（2011）「保育園における雇用環境と保育者のストレス反応——雇用形態と非正規職員の比率に着目して」『日本労働研究雑誌』53(2・3),103-114.

川俣美砂子（2007）「幼稚園教諭のライフコースとその問題——仕事に関する意識・行動の様相を中心に」『福岡女子短大紀要』(70),77-87.

川俣美砂子（2008）「幼稚園教諭のライフコースとその問題——幼稚園教諭と保育者養成校学生の性別役割意識について」『福岡女子短大紀要』(71),17-26.

神戸康弘・上地玲子・松浦美晴・鳥越亜矢・森英子・中川淳子・荒島礼子（2016）「潜在保育士のキャリア研究——20代30代保育士の『退職者』と『継続者』の比較による離職防止研究」『山陽論叢』23,49-64.

厚生労働省（2014）『新人看護職員研修ガイドライン【改訂版】』https://www.mhlm.go.jp/file/06-Seisakujouhou-10800000-Iseikyoku/0000049466_1.pdf, 2019年10月24日閲覧

―――（2016）『保育所等における業務効率化推進事業の実施について』https://www.mhlw.go.jp/web/t_doc?dataId=00tc1584&dataType=1&pageNo=1, 2023年11月14日閲覧

―――（2017）『保育所保育指針』https://www.mhlw.go.jp/web/t_doc?dataId=00010450&dataType=0&pageNo=1, 2023年11月15日閲覧

―――（2018）『平成30年賃金構造基本統計調査結果（初任給）の概況』https://www.mhlw.go.jp/toukei/itiran/roudou/chingin/kouzou/18/index.html, 2019年10月26日閲覧

―――（2021）『令和3年度社会福祉施設等調査 政府統計の総合窓口(e-Stat)』https://www.e-stat.go.jp/stat-search/files?page=1&layout=datalist&toukei=0045

0041&tstat=000001030513&cycle=7&tclass1=000001172626&tclass2=0000011726
28&tclass3=000001172629&tclass4val=0, 2023年11月14日閲覧

─────（2022）『令和4年版厚生労働白書』https://www.mhlw.go.jp/wp/hakusyo/
kousei/21/dl/1-01.pdf, 2023年10月31日閲覧

佐伯知子（2015）「長期的インターンシップ実習における継続性／非継続性の要因に
関する研究──保育・教育系学生の縦断的アンケート調査を手がかりに」『大阪
総合保育大学紀要』(9), 43-56.

佐藤郁哉（2008）『質的データ分析法──原理・方法・実践』新曜社.

正司顯好（2010）「『教育実習期間の評価と幼稚園教諭としての将来性』についての一
考察─幼稚園の理事長・園長の視点から」『研究紀要』(8), 21-34.

白石京子（2019）「経験年数別に見た保育者のストレス反応軽減に有効な支援の考察
──ストレス反応とストレッサー、ソーシャルサポート、コーピングの関係」『生
活科学研究』41,17-24.

新保友恵（2019）「保育士が働き続けやすい保育施設の職場環境と組織作りに関する研
究──関東地方8保育施設の事例調査から」『21世紀社会デザイン研究』18 ,73-91.

須永美紀（2018）「新任保育者へのサポート体制に関する一考察──保育士へのアン
ケート調査を通して」『こども教育宝仙大学紀要』9 (2),39-46.

全国保育士養成協議会専門委員会（2009）「指定保育士養成施設卒業生の卒後の動向
及び業務の実態に関する調査報告書Ⅰ」『保育士養成資料集』50.

高尾淳子（2017a）「インクルーシブ保育を実践する保育園づくりに向けた風通しの良
い職場づくり及び人材育成の要素──HOIKU-KI活動導入に向けた保育園長への
意識調査から」『同朋福祉』(23), 159-180.

─────（2017b）「インクルーシブ保育を実践する風通しの良い職場風土づくり及び
人材育成の状況 ──保育職場の改善活動HOIKU-KIの適用に向けた保育者意識
調査を基に」『同朋福祉』(24), 113-137.

竹石聖子（2013）「若手保育者の職場への定着の要因──早期離職の背景から」『常葉
大学短期大学部紀要』(44),105-113.

千葉直紀（2017）「保育者の早期離職を抑制する要素の抽出──ベテラン保育者の職
業継続の要因から見えてきたもの」『小田原短期大学研究紀要』(47), 129-141.

傳馬淳一郎・中西さやか（2014）「保育者の早期離職に至るプロセス──TEM(複線径
路・等至性モデル)による分析の試み」『地域と住民 : 道北地域研究所年報』(32),
61-67.

永渕美香子(2016)「保育者養成校における人間関係力の育成」『保育文化研究』(2),39-
50.

日本保育協会（2015）『保育士における業務の負担軽減に関する調査研究報告書』

https://www.nippo.or.jp/Portals/0/images/research/kenkyu/h26keigen.pdf,
2023年11月14日閲覧

庭野晃子（2020）「保育従事者の離職意向を規定する要因」『保育学研究』58（1）,105-114.

濱名陽子（2015）「保育者の早期離職に関する考察——養成教育との接続の課題」『教
育総合研究叢書』(8),91-105.

原口喜充（2016）「日々の保育における担任保育者の保育体験——保育者の主観的体
験に注目して」『保育学研究』54 (1),42-53.

増渕千保美・横山博之（2019）「保育における職場環境に関する研究——早期離職予
防及び新任育成の視点から」『次世代育成研究・児やらい』16,121-138.

松浦美晴・上地玲子・皆川順（2015）「潜在保育士問題解消に向けたリアリティショッ
ク研究の可能性の考察」『山陽論叢』22,87-100.

松尾由美（2017）「保育士の早期離職を防ぐためのキャリア教育——キャリアプラン
ニング能力の育成を目的とする問題解決シミュレーションゲームの提案」『江戸
川大学の情報教育と環境』14,19-22.

松田侑子・設楽紗英子・濱田祥子（2016）「保育系実習用予期せぬ現実尺度の作成」『心
理学研究』87(4),384-394.

宮崎静香（2014）「新人保育士が保護者に対処する過程で求められる職場体制の在り
方——社会福祉法人A会A保育園のインタビュー調査を通して」『東洋大学大学院
紀要』51,219-243.

森本美佐・林悠子・東村知子（2013）「新人保育者の早期離職に関する実態調査」『奈
良文化女子短期大学紀要』44,101-109.

山﨑正枝（2020）「組織開発のアプローチを導入した人事制度構築——保育園Yの事例」
『日本労務学会誌』21(1), 48-65.

義基祐正（2015）「非正規保育者のストレスと疲労」非正規保育労働者実態調査委員
会（編）『私たち非正規保育者です——東京の公立保育園非正規職員調査から見
えてきたもの』かもがわ出版,39-44.

横山博之・重松由佳子・増渕千保美・柴田賢一（2016）「保育者の早期離職における
課題——保育者の確保と保育の質の向上を求めて」『次世代育成研究・児やらい』
13, 29-51.

楽天リサーチ株式会社（2015）『厚生労働省委託事業　保育士が働きやすい職場づく
りのための手引き』https://www.mhlw.go.jp/file/06-Seisakujouhou-11900000-Koy
oukintoujidoukateikyoku/0000088678_3.pdf, 2023年11月14日閲覧

【執筆者紹介】

木曽　陽子 (きそ　ようこ)

大阪公立大学　現代システム科学域　教育福祉学類　准教授
博士（社会福祉学）、保育士、社会福祉士

2014年3月　大阪府立大学大学院　人間社会学研究科　博士後期課程修了
2014年4月　関西国際大学　教育学部　講師
2018年4月　大阪府立大学　地域保健学域　教育福祉学類　准教授
2022年4月　現職

『発達障害の可能性がある子どもの保護者支援─保育士による気づきからの支援』（晃洋書房、2016年）、『人生が輝くSDGs』（共著、せせらぎ出版、2022年）、「保育所等における生活困難家庭支援のための介入プロセス ─積極的に支援を行う園に対するインタビュー調査より─」（『保育学研究』第60巻第2号、2022年）など。

OMUPブックレット　刊行の言葉

　今日の社会は、映像メディアを主体とする多種多様な情報が氾濫する中で、人類が生存する地球全体の命運をも決しかねない多くの要因をはらんでいる状況にあると言えます。しかも、それは日常の生活と深いかかわりにおいて展開しつつあります。時々刻々と拡大・膨張する学術・科学技術の分野は微に入り、細を穿つ解析的手法の展開が進む一方で、総括的把握と大局的な視座を見失いがちです。また、多種多様な情報伝達の迅速化が進む反面、最近とみに「知的所有権」と称して、一時的にあるにしても新知見の守秘を余儀なくされているのが、科学技術情報の現状と言えるのではないでしょうか。この傾向は自然科学に止まらず、人文科学、社会科学の分野にも及んでいる点が今日的問題であると考えられます。

　本来、学術はあらゆる事象の中から、手法はいかようであっても、議論・考察を尽くし、展開していくのがそのあるべきスタイルです。教育・研究の現場にいる者が内輪で議論するだけでなく、さまざまな学問分野のさまざまなテーマについて、広く議論の場を提供することが、それぞれの主張を社会共通の場に提示し、真の情報交換を可能にすることに疑いの余地はありません。

　活字文化の危機的状況が叫ばれる中で、シリーズ「OMUPブックレット」を刊行するに至ったのは、小冊子ながら映像文化では伝達し得ない情報の議論の場を、われわれの身近なところから創設しようとするものです。この小冊子が各種の講演、公開講座、グループ読書会のテキストとして、あるいは一般の講義副読本として活用していただけることを願う次第です。また、明確な主張を端的に伝達し、読者の皆様の理解と判断の一助になることを念ずるものです。

　平成18年３月

OMUP設立五周年を記念して
大阪公立大学共同出版会（OMUP）

OMUPブックレット No.70

保育士の早期離職を防止する園内体制の検討
― すべての保育士が生き生きと働き続けられる園を目指して ―

2024年3月22日　初版第1刷発行

著　者　　木曽　陽子
発行者　　八木　孝司
発行所　　大阪公立大学出版会（OMUP）
　　　　　〒599-8531 大阪府堺市中区学園町1－1
　　　　　大阪公立大学内
　　　　　TEL　072（251）6533　FAX　072（254）9539
印刷所　　和泉出版印刷株式会社